HISTOIRES BIBLIQUES *et* LEÇONS *pour* ENFANTS

(4 à 8 ans)

66 Contes De La Parole De Dieu Pour Les Petits Cœurs Et La Foi Grandissante

LYDIA E. STONEHAVEN

Ce livre est une adaptation créative destinée aux jeunes lecteurs et s'appuie sur des textes bibliques tirés de la Sainte Bible. Les références bibliques sont adaptées dans un langage adapté aux enfants pour un enrichissement éducatif et spirituel.

Toutes les références bibliques sont basées sur des traductions de la Bible du domaine public.

Table des matières

Note aux parents

Cher parent, tuteur ou personne soignante,

Merci d'avoir choisi*Histoires et leçons bibliques pour les enfants (4 à 8 ans)*dans le cadre du cheminement spirituel de votre enfant.

Ce livre a été soigneusement conçu pour semer la foi, la bonté et le courage dans le cœur des jeunes enfants. Chacun des 66 contes est inspiré d'une histoire vraie de la Bible et est écrit de manière à ce que les tout-petits puissent le comprendre, l'apprécier et s'y identifier. Chaque histoire est accompagnée d'une leçon riche de sens, conçue pour éveiller la curiosité, inspirer la piété et ouvrir la voie à des conversations enrichissantes.

Vous découvrirez que ces histoires ne sont pas réservées à l'heure du coucher ou à l'école du dimanche. Elles favorisent la connexion entre vous et votre enfant, et entre lui et Dieu. Qu'elles soient lues à voix haute le soir, partagées lors d'un moment de recueillement ou explorées en autonomie, ces histoires sont conçues pour accompagner la foi de votre enfant.

Nous vous encourageons à prendre le temps, après chaque histoire, d'en discuter, de demander à votre enfant comment il réagirait et même de prier ensemble. Ces petits moments marquent durablement le cœur d'un jeune.

Que ce livre soit une bénédiction pour votre famille, une lumière pour votre enfant et un compagnon fidèle pendant que vous le guidez dans l'amour et la vérité de la Parole de Dieu.

Avec chaleur et gratitude,
Lydia E. Stonehaven

HISTOIRES DE L'ANCIEN TESTAMENT

Dieu crée le monde

Genèse 1:1–31

Il y a très longtemps, avant l'existence des hommes, des arbres, des animaux, ni même du soleil et de la lune, il n'y avait que Dieu. Tout était sombre et vide. Mais Dieu avait un plan merveilleux !

Alors Dieu dit : « Que la lumière soit ! » Et, d'un seul coup, la lumière emplit les ténèbres. Dieu sourit et appela la lumière.**jour**et l'obscurité**nuit**.

Le deuxième jour, Dieu créa le ciel, grand et bleu, avec des nuages flottant comme des oreillers moelleux.

Le troisième jour, Dieu rassembla les eaux et fit apparaître la terre ferme. Il créa de hautes montagnes, des arbres verts, de petites fleurs et de délicieux fruits et légumes. C'était magnifique !

Le quatrième jour, Dieu fit le**soleil**pour briller pendant la journée, et le**lune et étoiles**Pour briller la nuit. Il les a placés parfaitement dans le ciel pour éclairer et nous aider à lire l'heure.

Le cinquième jour, Dieu remplit les mers de poissons, de baleines et de dauphins barbotant. Il fit voler les oiseaux dans le ciel et chanter de doux chants.

Le sixième jour, Dieu créa tous les animaux : éléphants, lions, lapins, chats et même des singes rigolos ! Et puis… Dieu fit quelque chose de vraiment spécial. Il créa**personnes**—un homme et une femme, dans

Son image. Il leur a donné de l'amour, un foyer et un beau jardin.

Dieu regarda tout ce qu'il avait créé et dit :« **C'est très bien.** »

Le septième jour, Dieu se reposa. Non pas parce qu'il était fatigué, mais parce que son œuvre était achevée. Il était temps d'en profiter pleinement.

Leçon du jour

Dieu a tout créé avec amour et soin, y compris vous ! Tout comme le soleil, les étoiles et les animaux,**vous faites partie de l'étonnante création de Dieu.**

Prière

Mon Dieu,
Merci d'avoir créé le monde si beau et si merveilleux. Merci de m'avoir rendu spécial. Aide-moi à prendre soin de ta création et à me rappeler que tout ce que tu as créé est bon.
Amen.

Noé et l'Arche

Genèse 6:9–22

Longtemps après que Dieu eut créé le monde, les hommes commencèrent à faire beaucoup de mauvaises choses. Ils étaient méchants, égoïstes et n'écoutaient plus Dieu. Leurs cœurs étaient remplis de méchanceté. Cela rendit Dieu très triste. Il avait créé les hommes pour l'aimer et s'aimer les uns les autres, mais maintenant ils se blessaient les uns les autres et l'oubliaient.

Mais il y avait un homme qui aimait et obéissait encore à Dieu. Son nom était**Noé**Noé était bon, honnête et s'efforçait toujours de faire ce qui était juste. Dieu vit sa bonté et sourit. « Noé », dit Dieu, « je vais envoyer un grand déluge pour purifier la terre. Mais je veux que toi et ta famille soyez en sécurité. J'ai une mission très spéciale pour toi. »

Dieu a dit à Noé de construire un énorme bateau appelé un**arche**Il devait être assez grand pour contenir la famille de Noé et deux animaux de chaque espèce – un mâle et une femelle. Noé écouta attentivement et fit tout exactement comme Dieu l'avait dit.

Noé et ses fils travaillèrent dur à la construction de l'arche. On se moquait d'eux. « Pourquoi construisez-vous un bateau alors qu'il n'y a pas d'eau ? » les taquinaient-ils. Mais Noé continua à travailler. Il avait confiance en Dieu.

Une fois l'arche terminée, des animaux commencèrent à affluer de toutes parts. Il y avait de grandes girafes, des tortues lentes, des kangourous sauteurs, des abeilles bourdonnantes, des lions rugissants, des chiens aboyeurs et de minuscules fourmis – tous marchant, volant ou rampant vers l'arche. Noé et sa famille les guidèrent à l'intérieur et s'assurèrent qu'ils étaient en sécurité.

Alors Dieu dit : « Il est temps. » Noé et sa famille entrèrent dans l'arche, et**Dieu Lui-même a fermé la porte**.

Soudain, le ciel s'assombrit. Les gouttes de pluie commencèrent à tomber. Puis, de plus en plus, jusqu'à ce qu'il pleuve, et pleuve encore pendant**40 jours et 40 nuits**L'eau recouvrait toute la terre. Même les plus hautes montagnes disparaissaient sous les flots. Mais à l'intérieur de l'arche, Noé, sa famille et les animaux étaient sains et saufs.

Noé regarda l'eau et pria. Il avait confiance en Dieu pour prendre soin d'eux.

Finalement, la pluie cessa et le soleil apparut. L'eau commença à baisser peu à peu. Après plusieurs jours, l'arche s'arrêta au sommet d'une montagne. Noé lâcha une colombe, et lorsqu'elle revint avec une feuille d'olivier, il sut qu'il pouvait sortir en toute sécurité.

Lorsque Noé et sa famille sortirent de l'arche, ils contemplèrent la terre nouvelle et propre. Les animaux s'envolèrent joyeusement vers leur nouveau monde. Noé construisit un autel et remercia Dieu de les avoir protégés.

Alors Dieu fit une promesse :« **Je n'inonderai plus jamais la terre entière.** »Et Il a placé une belle**arc-en-ciel**dans le ciel en signe de sa promesse.

Leçon du jour

Même lorsque les autres font le mal, vous pouvez choisir de faire ce qui est bien. Dieu voit votre cœur et prend soin de ceux qui lui font confiance.

Prière

Mon Dieu,
Merci pour l'histoire de Noé. Aide-moi à t'écouter, à faire ce qui est juste et à te faire confiance quoi qu'il arrive. Merci pour les arcs-en-ciel et les promesses.
Amen.

La promesse de Dieu à Abraham

Genèse 15:1–6

Abraham était un homme bon qui aimait Dieu et lui obéissait. Il lui faisait confiance même lorsqu'il ne comprenait pas tout. Abraham et sa femme, Sarah, étaient très âgés. Ils n'avaient pas d'enfants et étaient tristes car ils avaient toujours voulu fonder une famille.

Une nuit, Dieu parla à Abraham dans une vision. « N'aie pas peur, Abraham », dit-il. « Je suis ton protecteur et je te donnerai une grande récompense. »

Abraham leva les yeux vers le ciel nocturne. Il était rempli d'étoiles scintillantes. Mais son cœur était encore lourd. Il dit : « Seigneur, je n'ai pas d'enfants. Qui héritera de toutes les bénédictions que tu m'as données ? »

Dieu emmena alors Abraham dehors et lui dit de lever les yeux. Le ciel était encore plus lumineux, rempli d'étoiles si nombreuses qu'on aurait dit qu'il avait été parsemé de paillettes.

« Peux-tu compter les étoiles, Abraham ? » demanda Dieu. Abraham secoua la tête. « Il y en a trop », dit-il.

Dieu sourit et dit : « Voilà le nombre d'enfants, de petits-enfants et d'arrière-petits-enfants que tu auras un jour. Ta famille sera aussi nombreuse que les étoiles dans le ciel ! »

Même si Abraham et Sarah étaient vieux et n'avaient pas encore d'enfants, Abraham crut à la parole de Dieu. Il fit confiance à la promesse de Dieu de tout son cœur.

Et savez-vous quoi ? Dieu était si satisfait de la foi d'Abraham qu'il l'a qualifié de juste – ce qui signifie juste et bon à ses yeux.

Plus tard, comme Dieu l'avait promis, Abraham et Sarah eurent un garçon nommé Isaac. Et de leur famille naquirent de nombreux êtres, comme les étoiles dans le ciel.

Leçon du jour

Dieu tient toujours ses promesses, même lorsque cela semble impossible. Lui faire confiance, c'est croire qu'il fera ce qu'il dit, même si nous ne voyons pas comment.

Prière

Mon Dieu,
Merci de tenir tes promesses. Aide-moi à te faire confiance comme Abraham, même quand je ne comprends pas tout. Amen.

Le rêve de Jacob

Genèse 28:10–22

Un jour, un homme nommé**Jacob**Il voyageait seul dans le désert. Il était loin de chez lui et n'avait pas de lit douillet pour dormir. Au coucher du soleil, Jacob trouva un endroit où se reposer. Il prit une pierre comme oreiller et s'allongea sous les étoiles.

Cette nuit-là, Jacob fit un rêve, un rêve très spécial venant de Dieu !

Dans le rêve, Jacob a vu un grand**échelle**S'élevant du sol jusqu'au ciel, des anges montaient et descendaient l'échelle, brillant de mille feux. Tout en haut de l'échelle se tenaient**Dieu lui-même**!

Dieu parla à Jacob et dit : « Je suis l'Éternel, le Dieu de ton grand-père Abraham et de ton père Isaac. Je te donnerai ce pays, à toi et à tes enfants. Ta famille grandira et se répandra dans le monde entier. Je suis avec toi et je prendrai soin de toi où que tu ailles. »

À son réveil, Jacob fut stupéfait. Il regarda autour de lui et dit : « Dieu est là, et je ne le savais même pas ! »

Jacob s'assit et prit la pierre qui lui avait servi d'oreiller. Il la dressa comme une petite tour et versa de l'huile dessus pour montrer que c'était un lieu spécial. Il appela ce lieu**Béthel**, qui signifie « Maison de Dieu ».

Jacob fit une promesse à Dieu : « Si tu prends soin de moi et me ramènes sain et sauf, alors tu seras mon Dieu et je te donnerai une part de tout ce que je recevrai. »

Même si Jacob était seul lorsqu'il s'est couché, il s'est réveillé en sachant que Dieu était avec lui.

Leçon du jour

Dieu est toujours avec vous, même lorsque vous vous sentez seul. Il parle à notre cœur et veille sur nous où que nous allions.

🙏 Prière

Mon Dieu,
Merci d'être avec moi partout où je vais. Aide-moi à t'écouter et à te faire confiance, comme Jacob l'a fait. Amen.

Joseph pardonne à ses frères

Genèse 45:1–15

Joseph avait traversé beaucoup d'épreuves. Plus jeune, ses frères étaient jaloux de lui et lui firent un geste très blessant : ils le vendirent comme esclave et annoncèrent à leur père qu'il était parti. Mais même en Égypte, loin de chez lui, Joseph fit confiance à Dieu.

Dieu a aidé Joseph partout où il est allé. Joseph a travaillé dur, est resté honnête et a écouté Dieu. Même emprisonné injustement, Joseph a continué à faire confiance à Dieu. Au fil du temps, Dieu a aidé Joseph à comprendre ses rêves et l'a rendu très sage. Finalement, Pharaon a fait de Joseph le deuxième souverain d'Égypte, après le roi !

Un jour, bien des années plus tard, une grande famine survint. Il n'y avait donc plus assez de nourriture. Les frères de Joseph durent se rendre en Égypte pour acheter de la nourriture. Ils ignoraient que l'homme à qui ils allaient devoir parler était leur propre frère, Joseph !

Joseph vit ses frères et les reconnut aussitôt, mais eux ne le reconnurent pas. Il aurait pu être en colère. Il aurait pu les punir. Mais Joseph se souvint de quelque chose de plus important :**Dieu avait un plan**.

Joseph leur dit finalement : « Je suis Joseph, votre frère ! Celui que vous avez vendu il y a longtemps. Mais n'ayez pas peur et ne vous inquiétez pas. Dieu m'a envoyé ici avant vous pour sauver des vies. »

Les frères étaient sous le choc. Ils avaient commis une terrible faute, mais Joseph n'était pas en colère. Il leur avait pardonné. Il les avait serrés dans ses bras et avait pleuré avec eux. Il les avait même invités à venir vivre en Égypte avec leurs familles pour qu'ils aient de quoi manger et soient en sécurité.

Joseph a choisi**pardon**Au lieu de se venger, il croyait que Dieu avait tout utilisé, même les moments difficiles et tristes, pour le bien.

Leçon du jour

Le pardon apporte la paix. Même lorsque quelqu'un nous blesse, nous pouvons choisir de pardonner et croire que Dieu peut tirer le meilleur de toute situation.

Prière

Mon Dieu,
Merci pour l'exemple de Joseph. Aide-moi à pardonner aux autres comme il l'a fait, même dans

les moments difficiles. Merci d'avoir transformé les difficultés en bonnes choses. Amen.

Bébé Moïse dans le panier

Exode 2:1-10

Il y a longtemps, en Égypte, un nouveau roi, Pharaon, régnait sur le pays. Il n'aimait pas les Israélites, qui étaient le peuple de Dieu. Craignant qu'ils soient trop nombreux, Pharaon établit un règne très cruel :**tous les bébés garçons nés parmi les Israélites doivent être enlevés.**

Un jour, une mère israélite courageuse et aimante donna naissance à un petit garçon. Il était beau et en bonne santé, et elle l'aimait profondément. Elle savait qu'elle devait le cacher pour le protéger. Pendant trois mois, elle le garda caché chez elle.

Mais le bébé grandissait et il commençait à faire plus de bruit. Sa mère craignait que quelqu'un l'entende et le signale aux soldats. Elle élabora donc un plan spécial : elle prit un panier en roseaux résistants et l'imperméabilisa avec du goudron et de la poix pour qu'il ne coule pas.

Elle déposa doucement son bébé dans le panier, l'enveloppa confortablement et plaça le panier dans les hautes herbes au bord du Nil. Sa grande sœur,**Myriam**, se tenait à proximité pour observer et voir ce qui allait se passer.

Bientôt, **la fille du pharaon**Elle vint à la rivière pour prendre un bain. Elle vit le panier flotter sur l'eau et envoya un de ses serviteurs le lui apporter. Lorsqu'elle l'ouvrit, elle vit le bébé pleurer et ressentit un immense amour dans son cœur.

« Ce doit être l’un des bébés hébreux », dit-elle gentiment.

Juste à ce moment-là, Miriam sortit de l'endroit où elle se cachait et demanda : « Veux-tu que je trouve quelqu'un pour s'occuper du bébé pour toi ? »

La fille du Pharaon sourit et dit : « Oui, s’il vous plaît. »

Miriam courut chercher sa mère, la vraie mère du bébé ! La fille de Pharaon lui dit : « Prends ce bébé et prends soin de lui. Je te paierai. »

La mère du bébé prit donc soin de lui et le protégea. Plus tard, devenu grand, il alla vivre chez la fille de Pharaon, qui lui donna un nom.**Moïse**, ce qui signifie « tiré hors de l'eau ».

Leçon du jour

Dieu veille sur nous même lorsque la vie nous fait peur. Il a un plan spécial pour chacun de nous, tout comme il l'avait fait pour le petit Moïse.

🙏 Prière

Mon Dieu,
Merci de toujours veiller sur moi. Aide-moi à être courageux et à croire que tu as un plan pour ma vie.
Amen.

Dieu sépare la mer Rouge

Exode 14:21-31

Après de nombreuses années d'esclavage en Égypte, les Israélites furent enfin libérés ! Dieu avait utilisé Moïse pour dire à Pharaon, le roi d'Égypte, de laisser partir son peuple. Au début, Pharaon refusa, mais après de nombreux signes et miracles, Dieu finit par accepter.

Moïse conduisit les Israélites hors d'Égypte. Ils étaient si heureux d'être libres ! Mais ils se retrouvèrent bientôt confrontés à un problème majeur : une immense mer appelée la**mer Rouge**était devant eux, et ils ne pouvaient pas le traverser.

Pour couronner le tout, Pharaon avait changé d'avis ! Il envoya son armée à la poursuite des Israélites pour les ramener. Le peuple regarda derrière lui et vit les soldats arriver, et il fut très effrayé.

Ils crièrent : « Moïse, que ferons-nous ? Nous ne pouvons ni avancer ni reculer ! »

Mais Moïse leur dit : « N'ayez pas peur. Restez simplement immobiles et regardez comment Dieu vous sauvera aujourd'hui. »

Puis quelque chose d'étonnant se produisit. Dieu dit à Moïse d'élever son**personnel**(un grand bâton) sur la mer. Moïse obéit, et Dieu envoya un vent violent qui souffla toute la nuit. Les eaux de la mer Rouge se divisèrent en deux, et le sol devint sec. Il y avait d'immenses murs d'eau des deux côtés !

Les Israélites traversèrent la mer à pied sec. Tous – mères, pères, enfants et même leurs animaux – traversèrent la mer sains et saufs.

Lorsque l'armée de Pharaon tenta de les poursuivre, Dieu fit retomber les eaux. La mer recouvrit les soldats et leurs chevaux, et ils ne purent plus faire de mal aux Israélites.

Les gens étaient stupéfaits. Ils avaient vu de leurs propres yeux la puissance et l'amour de Dieu. Ils étaient en sécurité, car Dieu avait ouvert une voie là où il semblait n'y en avoir aucune !

Ils chantaient des chants pour remercier Dieu et le louaient avec un cœur joyeux.

Leçon du jour

Dieu est puissant et prend toujours soin de son peuple. Même lorsque les choses semblent impossibles, il peut trouver une solution.

🙏 Prière

Mon Dieu,
Merci d'être fort et aimant. Aide-moi à te faire confiance quand je me sens bloqué ou effrayé. Tu connais toujours le chemin. Amen.

Les dix commandements

Exode 20:1-17

Après avoir fait sortir les Israélites d'Égypte, Dieu prit soin d'eux dans le désert. Un jour, Dieu dit à Moïse de monter au sommet du mont**Mont Sinaï**, une haute montagne rocheuse. Dieu avait quelque chose de très important à lui donner.

Moïse gravit la montagne tandis que le peuple attendait en bas. Il y eut du tonnerre, des éclairs et un nuage au-dessus de la montagne. Ce fut un moment très spécial, car**Dieu allait parler**.

Au sommet de la montagne, Dieu a donné à Moïse**Les dix commandements**Il s'agissait de règles spéciales destinées à aider les gens à vivre d'une manière qui plaisait à Dieu et les aidait à s'aimer les uns les autres.

Voici les dix commandements, simplifiés :

1. **Aimez Dieu plus que toute autre chose.**
2. **Adorez uniquement Dieu, pas des statues ou d'autres choses.**

3. **Prononcez toujours le nom de Dieu avec respect.**
4. **Reposez-vous et passez du temps avec Dieu chaque semaine.**
5. **Honore et obéis à tes parents.**
6. **Ne faites pas de mal aux autres.**
7. **Tenez vos promesses envers votre mari ou votre femme.**
8. **Ne volez pas.**
9. **Dites toujours la vérité.**
10. **Soyez reconnaissant et ne souhaitez pas ce que les autres ont.**

Dieu a écrit ces commandements sur**deux tablettes de pierre**et les donna à Moïse pour qu'il les partage avec le peuple. Ces règles aidaient chacun à distinguer le bien du mal, et à vivre en paix ensemble.

Quand Moïse descendit de la montagne, son visage rayonnait, car il avait été avec Dieu ! Le peuple écoutait attentivement les commandements. Ces règles ne sont pas seulement d'hier : elles nous aident encore aujourd'hui !

Leçon du jour

Dieu nous donne des règles parce qu'il nous aime. En suivant ses commandements, nous lui témoignons de l'amour, à lui et aux autres.

Prière

Mon Dieu,
Merci de nous donner des règles qui nous aident à t'aimer et à aimer les autres. Aide-moi à obéir à tes commandements chaque jour. Amen.

Le serpent de bronze

Nombres 21:4-9

Les Israélites traversaient le désert en route vers la Terre promise. Mais au bout d'un moment, ils commencèrent à se plaindre. Ils étaient fatigués, assoiffés et n'aimaient pas la nourriture. Ils disaient :

« Pourquoi avons-nous quitté l'Égypte ? Il n'y a rien de bon ici ! »

Leurs murmures attrist Dieu, qui avait pris soin d'eux depuis le début. Alors Dieu permit à des serpents venimeux d'entrer dans le camp. Les serpents mordirent de nombreuses personnes, et certaines moururent. Le peuple comprit vite son tort.

Ils vinrent trouver Moïse et dirent : « Nous avons péché en nous plaignant contre Dieu et contre toi. S'il te plaît, demande à Dieu d'éloigner les serpents ! »

Moïse pria pour le peuple. Puis Dieu lui donna des instructions spéciales : « Fabrique un serpent de bronze et place-le sur une perche. Dis au peuple que quiconque est mordu peut regarder le serpent de bronze et être guéri. »

Moïse obéit. Il fit briller**serpent de bronze**et il l'éleva bien haut, à la vue de tous. Chaque fois que quelqu'un était mordu par un serpent, il regardait le serpent d'airain, comme Dieu l'avait dit, et il était guéri !

Dieu n'a pas enlevé les serpents, mais il a donné au peuple un moyen d'être sauvé. C'était une autre façon pour lui de manifester sa miséricorde et son amour.

Cette histoire nous rappelle que se tourner vers Dieu avec foi apporte aide et guérison. Bien des années plus tard, Jésus a dit que, tout comme le serpent d'airain fut élevé,**Il serait élevé sur la croix**pour nous sauver du péché. Quand nous nous tournons vers Lui, nous sommes sauvés aussi !

Leçon du jour

Même lorsque nous commettons des erreurs, Dieu nous aime toujours. Lorsque nous nous tournons vers lui, il nous aide et nous témoigne sa miséricorde.

Prière

Mon Dieu,
Je suis désolé pour les fois où je me plains. Merci pour ta patience et ton amour. Aide-moi à te faire

confiance et à me tourner vers toi quand j'ai besoin d'aide. Amen.

La réadaptation aide les espions

Josué 2:1-24

Dieu avait choisi un nouveau chef pour les Israélites nommé**Josué**Josué était courageux et faisait confiance à Dieu. Il se préparait à conduire le peuple de Dieu dans le pays que Dieu lui avait promis : le pays de**Canaan**.

Avant qu'ils n'entrent, Josué envoya**deux espions**pour découvrir la ville de**Jéricho**, une ville forte aux hauts murs. Les espions s'y sont discrètement glissés pour voir à quoi elle ressemblait.

Mais quelqu'un les a vus ! La nouvelle s'est vite répandue : « Il y a des espions israélites dans la ville ! »

Les deux espions avaient besoin d'un endroit sûr où se cacher. C'est là qu'ils ont trouvé**Rahab**, une femme qui vivait dans une maison sur les remparts de la ville. Rahab avait entendu parler des Israélites et des prouesses accomplies par leur Dieu. Elle croyait en l'existence de Dieu et voulait les aider.

Rahab emmena rapidement les espions chez elle et les cacha sur son toit, sous des bottes de lin. Lorsque le roi de Jéricho envoya des hommes à leur recherche, Rahab dit aux gardes : « Oui, ces hommes sont venus chez moi, mais ils sont déjà partis. Dépêchez-vous, vous pourriez les attraper ! »

Après que les hommes du roi se soient enfuis à leur poursuite, Rahab monta sur le toit et dit aux espions : « Je sais que votre Dieu est fort. Je crois qu'il vous a donné ce pays. Promettez-moi de nous protéger, moi et ma famille, à votre arrivée. »

Les espions ont promis. Ils ont dit : « Attachez un**corde rouge**à ta fenêtre, et à notre retour, nous saurons quelle maison est la tienne. Tous les habitants de ta maison seront en sécurité.

Rahab fit descendre les espions par sa fenêtre avec une corde afin qu'ils puissent s'échapper sains et saufs. Ils retournèrent auprès de Josué et lui racontèrent tout. Ils dirent : « Dieu nous a vraiment donné le pays. Le peuple a peur, car il sait que Dieu est avec nous ! »

Le courage et la foi de Rahab ont permis de sauver les espions, et plus tard, elle et sa famille ont été sauvées elles aussi. Elle est devenue partie intégrante de la grande histoire de Dieu !

Leçon du jour

Dieu peut utiliser quiconque choisit de lui faire confiance. Rahab était courageuse et croyait en Dieu, même lorsque c'était risqué.

Prière

Mon Dieu,
Merci pour le courage de Rahab. Aide-moi à te faire confiance et à faire ce qui est juste, même quand c'est difficile. Amen.

Les murs de Jéricho

Josué 6:1-20

Les Israélites étaient enfin proches de la Terre promise ! Mais un problème majeur les attendait : la ville de**Jéricho**Jéricho avait d'énormes murs solides que personne ne pouvait franchir. Cela semblait impossible !

Mais rien n'est trop difficile pour Dieu. Il avait un plan spécial, un plan très inhabituel.

Dieu dit à Josué : « Fais le tour de la ville une fois par jour pendant six jours. Prends les prêtres avec les trompettes et l'Arche de l'Alliance. Le septième jour, fais le tour de la ville. »**sept fois**, alors faites sonner les prêtres dans leurs trompettes et criez fort. Alors les murs tomberont !

Cela parut étrange, mais Josué obéit. Chaque jour, le peuple marchait en silence autour de Jéricho, comme Dieu l'avait ordonné. Les prêtres sonnaient de la trompette, mais tous les autres restaient silencieux.

Sur le**septième jour**Ils se levèrent tôt. Ils firent sept fois le tour de la ville. Après la septième fois, Josué cria : « Criez ! Car l'Éternel vous a donné la ville ! »

Les prêtres sonnèrent des trompettes, et le peuple cria de tout son cœur.

ACCIDENT!Les murs solides de Jéricho se sont effondrés !

Dieu avait tenu sa promesse. Les Israélites n'utilisèrent ni échelles ni épées : ils firent confiance à Dieu, et il leur donna la victoire !

Leçon du jour

Parfois, les plans de Dieu semblent inhabituels, mais lorsque nous lui faisons confiance et lui obéissons, des choses étonnantes peuvent se produire !

Prière

Mon Dieu,
Merci de m'avoir montré que tes voies sont puissantes et bonnes. Aide-moi à te faire confiance et à t'obéir, même quand je ne comprends pas. Amen.

Déborah la Brave

Juges 4:4-16

Après que les Israélites se furent installés dans le pays que Dieu leur avait donné, ils oublièrent parfois de le suivre. Lorsqu'ils étaient en difficulté, Dieu envoyait quelqu'un appelé**juge**pour les aider et les guider. L'un des juges les plus courageux était une femme nommée**Déborah**.

Débora aimait Dieu et écoutait sa voix. Elle était sage et juste, et le peuple venait à elle pour obtenir aide et conseils. Elle s'asseyait sous un palmier et les Israélites lui demandaient ce qu'ils devaient faire.

Un jour, Dieu donna à Déborah un message important. Il voulait un homme nommé**Barak**de rassembler une armée et de combattre un roi cruel qui faisait du mal aux Israélites. Mais Barak avait peur de partir seul.

Il dit : « Déborah, j'irai seulement si tu viens avec moi. »

Déborah était courageuse. Elle faisait entièrement confiance à Dieu. Elle dit : « J'irai avec toi, mais le Seigneur donnera la victoire à une femme. »

Débora et Barak partirent donc ensemble. Ils menèrent le peuple au combat. Au moment opportun, Débora donna l'ordre, et Barak et son armée chargèrent. Dieu les aida à remporter la bataille ce jour-là !

Déborah a loué Dieu par un beau chant. Elle l'a remercié d'avoir aidé son peuple et de l'avoir utilisée pour apporter la paix.

Déborah a montré à tout le monde que l’on peut être fort et sage quand on suit Dieu.

Leçon du jour

Dieu utilise des garçons et des filles, des hommes et des femmes, pour accomplir de grandes choses. Si nous lui faisons confiance et l'écoutons, nous pouvons être courageux comme Déborah.

Prière

Mon Dieu,
Merci de m'avoir rendu fort et courageux. Aide-moi à t'écouter et à suivre ta voix comme Déborah l'a fait. Amen.

Les 300 de Gédéon

Juges 7:1-22

Les Israélites étaient à nouveau en difficulté. Ils avaient cessé d'écouter Dieu, et une grande armée, appeléé**Madianites**Cela les dérangeait. Les gens étaient effrayés et se cachaient. Mais Dieu avait un plan pour les aider.

Dieu a choisi un homme nommé**Gédéon**Gédéon n'était pas un guerrier ; c'était juste un homme ordinaire. Mais Dieu lui dit : « Tu es un vaillant guerrier. Je serai avec toi. »

Gédéon fit confiance à Dieu et rassembla une armée. Il avait**32 000 soldats**! Mais Dieu dit : « C'est trop. Si vous gagnez avec autant de monde, les gens pourraient penser qu'ils ont réussi tout seuls. Je veux qu'ils sachent que je leur ai donné la victoire. »

Dieu dit alors à Gédéon de renvoyer certains soldats chez eux. D'abord, ceux qui avaient peur pouvaient partir. Il ne restait plus qu'à**10 000 hommes**Mais Dieu dit : « Il y en a encore trop. »

Dieu lança un test à Gédéon. Il lui dit d'observer comment les hommes buvaient l'eau du fleuve. Certains prenaient l'eau dans leurs mains et buvaient, tandis que d'autres se baissaient et lapaient comme des chiens.

Dieu dit : « Choisissez ceux qui ont utilisé leurs mains. » Il n'y avait que**300 hommes**!

Gédéon devait être nerveux, mais il fit confiance à Dieu. Cette nuit-là, ils se préparèrent. Les 300 hommes ne portaient pas d'épées. À la place, ils avaient**trompettes, jarres d'argile et torches**à l'intérieur des pots.

La nuit, ils encerclèrent le camp ennemi. Au signal de Gédéon, ils brisèrent les jarres, brandirent les torches, sonnèrent des trompettes et crièrent : « Pour l'Éternel et pour Gédéon ! »

Les Madianites furent si surpris et effrayés qu'ils s'enfuirent ! Dieu avait remporté la bataille avec seulement 300 hommes courageux.

💡 Leçon du jour

Dieu peut accomplir de grandes choses avec peu de gens si nous lui faisons confiance. Nul besoin d'être fort ou célèbre pour être utilisé par Dieu !

🙏 Prière

Mon Dieu,
Merci d'avoir utilisé Gédéon et sa petite armée.

Aide-moi à te faire confiance même quand je me sens petit ou effrayé. Tu es toujours fort ! Amen.

La loyauté de Ruth

Ruth 1:6-18

Il y a longtemps, il y avait une femme nomméе**Naomi**Elle vivait dans un pays appelé Moab. Naomi était très triste. Son mari et ses deux fils étaient morts, et elle se retrouvait seule, à l'exception de ses deux belles-filles.**Ruth** et **Orpa**.

Un jour, Naomi décida de retourner dans sa vieille maison de Bethléem. Elle dit à Ruth et Orpa : « Vous êtes encore jeunes. Vous devriez retourner dans vos familles. Peut-être qu'un jour vous vous remarierez et serez heureuses. »

Orpa serra Naomi dans ses bras et lui dit au revoir. Mais Ruth ne voulait pas partir. Elle serra Naomi dans ses bras et lui dit quelque chose de très spécial :

« Ne me demande pas de te quitter. Où que tu ailles, j'irai. Ton peuple sera mon peuple, et ton Dieu sera mon Dieu. »

Ruth aimait beaucoup Naomi. Elle ne voulait pas qu'elle soit seule. Alors, ensemble, Ruth et Naomi se rendirent à Bethléem.

Ils n'avaient pas beaucoup d'argent, mais Ruth travaillait dur. Elle allait aux champs ramasser les restes de céréales pour les nourrir. Elle était gentille, humble et forte. Les gens remarquaient son amour et sa loyauté.

Plus tard, Dieu bénit Ruth en lui donnant un nouveau mari nommé**Boaz**, qui était bonne et gentille. Ruth devint l'arrière-grand-mère de**Le roi David**et une partie de la lignée familiale de**Jésus**!

L'amour et la loyauté de Ruth resteront gravés dans nos mémoires à jamais.

💡 Leçon du jour

La loyauté, c'est rester fidèle à quelqu'un qu'on aime. Ruth nous apprend à être gentils, fidèles et à prendre soin des autres.

🙏 Prière

Mon Dieu,
Merci pour le beau cœur de Ruth. Aide-moi à être aussi bon, loyal et aimant qu'elle. Amen.

La prière d'Hannah

1 Samuel 1:9-28

Hannah était une femme gentille et fidèle qui aimait profondément Dieu. Mais Hannah était très triste de ne pas avoir d'enfants. Elle désirait plus que tout être mère et son cœur se serrait chaque jour qui passait.

Un jour, Hannah est allée au**temple**Elle pleura et ouvrit son cœur à Dieu. « Seigneur », dit-elle, « si tu me donnes un petit garçon, je te le rendrai. Il te servira toute sa vie. »

Tandis qu'Hannah priait en silence, seules ses lèvres remuaient. Le prêtre nomma**Ou**En la voyant, il pensa que quelque chose n'allait pas. Mais quand Hannah expliqua qu'elle priait avec tristesse, Éli sourit et dit : « Va en paix. Que Dieu t'accorde ce que tu as demandé. »

Anne quitta le temple pleine d'espoir. Elle était convaincue que Dieu avait entendu sa prière.

Et savez-vous quoi ? Dieu a entendu Hannah ! Peu après, elle a eu un petit garçon et l'a appelé**Samuel**, ce qui signifie « Dieu a entendu ».

Anne aimait tant le petit Samuel, mais elle se souvint de sa promesse à Dieu. Quand Samuel fut assez grand, Anne l'emmena au temple pour vivre et apprendre auprès du prêtre Éli. Samuel grandit et devint un grand chef et un prophète qui servit Dieu toute sa vie.

Hannah était une femme de foi et sa prière a tout changé.

Leçon du jour

Dieu entend toujours nos prières. Même lorsque nous nous sentons tristes ou seuls, nous pouvons lui parler et avoir confiance qu'il nous écoute.

Prière

Mon Dieu,
Merci d'écouter mes prières. Aide-moi à te faire confiance comme Hannah l'a fait. Je sais que tu m'aimes et que tu m'entends toujours. Amen.

David bat Goliath

1 Samuel 17:1-50

Les Israélites étaient en grande difficulté. Un géant nommé**Goliath**Il les effrayait ! Il était très grand et fort, et portait une lourde armure. Chaque jour, Goliath sortait et criait : « Qui me combattra ? »

Mais personne n'était assez courageux. Les soldats avaient peur.

Puis vint un jeune berger nommé**David**Il n'était pas soldat. Il apportait simplement de la nourriture à ses frères sur le champ de bataille. Mais lorsque David entendit Goliath se moquer de Dieu, il dit : « Je vais le combattre ! »

Tout le monde était surpris. David était petit, et Goliath était immense ! Mais David n'avait pas peur. Il dit : « Dieu m'a aidé à protéger mes moutons des lions et des ours. Il m'aidera aussi à combattre Goliath. »

Le roi Saül essaya de donner à David une armure et une épée, mais elles étaient trop lourdes. David les retira. Au lieu de cela, il prit**cinq pierres lisses**et son**lance-pierre**.

David s'avança vers Goliath. Le géant rit : « Suis-je un chien pour que tu m'attaques avec des bâtons ? »

Mais David dit courageusement : « Vous venez avec une épée, mais je viens au nom du Seigneur ! »

David prit alors une pierre, la mit dans sa fronde et la lança.**CLAQUE!**La pierre frappa Goliath en plein front, et le géant tomba à plat ventre !

Dieu a aidé David à gagner, même s'il était petit. Tout le monde l'a acclamé, et David est devenu un héros parce qu'il avait fait confiance à Dieu.

Leçon du jour

Avec l'aide de Dieu, vous pouvez être courageux, même face à quelque chose de grand et d'effrayant.

Prière

Mon Dieu,
Merci d'aider David à être courageux. Aide-moi à te faire confiance quand je me sens petit ou effrayé. Amen.

Salomon demande de la sagesse

1 Rois 3:4-15

Après la mort du roi David, son fils**Salomon**Il devint le nouveau roi d'Israël. Salomon était jeune et ne connaissait pas tout du métier de roi. Mais il aimait Dieu et voulait bien diriger le peuple.

Une nuit, Dieu parla à Salomon en rêve. Il lui dit : « Demande tout ce que tu veux, et je te le donnerai. »

Waouh ! Salomon aurait pu demander de l'argent, une longue vie ou la victoire sur ses ennemis. Mais savez-vous ce qu'il demandait ?

Salomon dit : « Seigneur, je suis jeune et je ne sais pas diriger. S'il te plaît, donne-moi un**cœur sage**afin que je puisse savoir ce qui est juste et prendre soin de ton peuple.

Dieu fut ravi de la réponse de Salomon. Il dit : « Parce que tu as demandé la sagesse et non la richesse ou la puissance, je te donnerai un cœur sage, et je te donnerai aussi des bénédictions comme la richesse et la gloire. »

Salomon se réveilla et remercia Dieu. Il offrit des sacrifices et loua le Seigneur.

Plus tard, Salomon devint connu sous le nom de**le roi le plus sage**Des peuples de pays lointains vinrent écouter ses sages paroles et apprendre de lui. Tout commença parce que Salomon demanda à Dieu la sagesse.

Leçon du jour

Demander de la sagesse est l'une des meilleures choses que nous puissions faire. Dieu aime quand nous voulons faire de bons choix et prendre soin des autres.

🙏 Prière

Mon Dieu,
S'il te plaît, donne-moi un cœur qui veut faire ce qui est juste. Aide-moi à être sage comme Salomon et à te suivre chaque jour. Amen.

Élie et le feu du ciel

1 Rois 18:20-39

Le peuple de Dieu était confus. Certains d'entre eux avaient commencé à adorer un faux dieu nommé**Baal**. Mais il y avait un prophète nommé**Élie**qui voulait que tout le monde sache que le**Le Seigneur est le seul vrai Dieu**.

Élie eut une grande idée. Il dit au peuple et aux prophètes de Baal de venir**Mont Carmel**Là, ils feraient un concours. « Construisons chacun un autel avec un sacrifice », dit Élie. « Mais nous n'allumerons pas le feu. Au lieu de cela, nous prierons. Le Dieu qui envoie**feu du ciel**—C'est le vrai Dieu !

Les gens étaient d'accord.

D'abord, les prophètes de Baal partirent. Ils bâtirent leur autel et crièrent à Baal du matin jusqu'à midi. Ils dansèrent et sautèrent, mais rien ne se passa. Il n'y eut pas de feu. Baal ne répondit pas.

Alors Élie s'avança. Il reconstruisit l'autel du Seigneur avec douze pierres. Il y déposa du bois et l'offrande. Puis, il fit quelque chose de surprenant : il versa**eau**Il y en avait partout sur l'autel ! Il creusa même un petit fossé et le remplit d'eau.

Alors Élie pria : « Seigneur, montre à ce peuple que tu es le vrai Dieu. »

Soudainement, **le feu est descendu du ciel !**Il brûla l'offrande, le bois, les pierres et même l'eau. Le peuple fut stupéfait !

Ils tombèrent à terre et crièrent : « Le Seigneur est Dieu ! »

La foi d'Élie a aidé le peuple à se rappeler qui était le vrai Dieu.

Leçon du jour

Dieu est réel, puissant et entend toujours nos prières. Lui faire confiance révèle aux autres qui il est.

Prière

Mon Dieu,
Merci de nous montrer ta puissance. Aide-moi à toujours te faire confiance et à me rappeler que tu es le seul vrai Dieu. Amen.

Élisée Talons Naaman

2 Rois 5:1-14

Naaman était un commandant d'armée puissant et important. Très courageux, il souffrait d'une terrible maladie de peau appeléé**lèpre**Aucun médecin ne pouvait le guérir.

Un jour, une jeune servante qui travaillait pour la femme de Naaman dit : « Il y a un prophète en Israël nommé**Élisée**. Il peut demander à Dieu de vous guérir.

Naaman était plein d'espoir. Il prépara des cadeaux et partit trouver Élisée. Arrivé chez lui, il s'attendait à un accueil chaleureux. Mais Élisée ne sortit même pas !

Au lieu de cela, Élisée envoya un messager avec un message simple : « Va te laver.**sept fois** dans le **Jourdain**, et tu seras guéri.

Naaman fut surpris, et un peu en colère. « C'est tout ? Se laver dans une rivière ? » dit-il. « Je pensais que le prophète ferait un geste de la main ou prononcerait des paroles spéciales ! »

Naaman s'apprêtait à partir, mais ses serviteurs l'en empêchèrent. « Seigneur, si le prophète t'avait demandé quelque chose de difficile, ne l'aurais-tu pas fait ? Pourquoi ne pas essayer quelque chose de simple ? »

Naaman se rendit donc au Jourdain. Il se plongea dans l'eau une fois, puis une autre, et encore une fois… jusqu'à ce qu'il ait terminé.**sept fois**.

Soudain, sa peau redevint propre et saine, comme celle d'un enfant ! Naaman était si heureux qu'il retourna vers Élisée et lui dit : « Maintenant, je sais qu'il n'y a pas d'autre Dieu que le Dieu d'Israël ! »

Leçon du jour

Parfois, Dieu nous demande de faire des choses simples pour montrer notre foi. Obéir, même si cela semble insignifiant, peut nous apporter de grandes bénédictions !

Prière

Mon Dieu,
Merci d'avoir guéri Naaman. Aide-moi à t'écouter, à t'obéir et à te faire confiance, même lorsque tes voies sont simples. Amen.

Joas répare le Temple

2 Rois 5:1-14

Quand Joas n'était qu'un petit garçon, il est devenu le**roi de Juda**Il n'avait que sept ans ! Mais Joas aimait Dieu et voulait faire ce qui était juste.

En grandissant, Joas remarqua que la volonté de Dieu**temple**— le lieu privilégié où les fidèles venaient prier — était vieux et délabré. Les murs étaient fissurés, les portes usées et de nombreuses

Joas eut une idée ! Il appela les prêtres et leur dit : « Collectons de l'argent auprès du peuple pour réparer le temple. » Le peuple accepta et offrit avec joie des dons et des offrandes.

Les ouvriers étaient honnêtes et soigneux. Ils réparèrent les murs du temple, les portes et toutes les pièces cassées. Ils utilisèrent l'argent pour acheter du bois, des pierres et des outils. Bientôt, la maison de Dieu retrouva sa beauté !

Joas n'a pas rénové le temple pour le rendre plus luxueux. Il voulait qu'il soit un lieu propre et spécial pour adorer Dieu.

Tout le monde a travaillé ensemble avec un cœur joyeux, et Joas a montré que même un jeune peut conduire les autres à faire de grandes choses pour Dieu.

💡 Leçon du jour

Dieu peut utiliser les enfants pour accomplir des choses importantes ! En prenant soin de la maison de Dieu et en lui obéissant, nous lui apportons de la joie.

🙏 Prière

Mon Dieu,
Merci pour le roi Joas et pour son dévouement à réparer ton temple. Aide-moi à prendre soin de ce que tu nous as donné et à être un bon assistant pour toi. Amen.

Ézéchias fait confiance à Dieu

2 Rois 19:14-19

Roi **Ézéchias**C'était un bon roi qui aimait Dieu et lui obéissait. Un jour, un puissant roi ennemi envoya une lettre effrayante à Ézéchias. La lettre disait : « Nous viendrons détruire ta ville. Personne ne peut nous arrêter ! »

Ézéchias ne s'est pas affolé. Il n'a pas d'abord essayé de se battre avec des épées ou des soldats. Au lieu de cela, il est allé directement au**temple** et **prié**.

Ézéchias prit la lettre et la déposa devant Dieu. Puis il dit : « Seigneur, tu es le seul vrai Dieu. Tu as fait le ciel et la terre. Écoute-nous. Ce roi se moque de toi. Montre à tous que tu es le seul Dieu qui sauve ! »

Dieu entendit la prière d'Ézéchias. Cette nuit-là même, il envoya un ange qui arrêta l'armée ennemie. La ville fut sauvée, et Ézéchias montra que**faire confiance à Dieu**est toujours le meilleur choix.

Leçon du jour

Lorsque vous avez peur ou ne savez pas quoi faire, priez d'abord. Dieu est fort et toujours à l'écoute.

Ezra lit la loi

Esdras 7:6-10

Esdras était un prêtre et un enseignant qui aimait la Parole de Dieu. Après de nombreuses années passées dans un pays lointain, les Israélites revinrent à Jérusalem. Mais ils avaient oublié les règles de Dieu.

Esdras savait ce qu'il devait faire. Il rassembla tout le peuple et se tint sur une haute estrade en bois. Du matin au midi, il**lire la loi de Dieu**à voix haute. Tout le monde se leva et écouta attentivement.

Tandis qu'Esdras lisait, le peuple se mit à pleurer. Ils comprirent qu'ils n'avaient pas suivi les voies de Dieu. Mais Esdras dit : « Ne soyez pas tristes. Aujourd'hui est un jour saint. Célébrons et remercions Dieu ! »

Le peuple rentra chez lui joyeux, prêt à suivre à nouveau Dieu. Esdras les aida à comprendre comment vivre d'une manière qui lui soit agréable.

Leçon du jour

La Parole de Dieu nous enseigne comment vivre. En l'écoutant et en la suivant, nous nous rapprochons de lui.

Néhémie reconstruit le mur

Néhémie 2:11-20

Les murs de Jérusalem étaient brisés et les portes incendiées. La ville n'était pas sûre et le peuple était découragé. Mais un homme,**Néhémie**, croyait que Dieu pouvait aider.

Néhémie pria, puis demanda au roi la permission de l'aider à reconstruire les murs de la ville. Le roi accepta !

Néhémie se rendit à Jérusalem de nuit et observa les ruines. Puis il dit au peuple : « Reconstruisons la muraille pour que nous ne soyons plus en danger. Dieu est avec nous ! »

Le peuple accepta. Tous – familles, ouvriers, jeunes et vieux – participèrent à la réparation du mur. Même lorsque leurs ennemis se moquaient d'eux, Néhémie déclara : « Le Dieu du ciel nous aidera ! »

Avec l'aide de Dieu et la collaboration de tous, le mur a été reconstruit solidement.

Leçon du jour

Lorsque nous travaillons ensemble et faisons confiance à Dieu, nous pouvons faire de grandes choses, même lorsque les autres doutent de nous.

Esther sauve son peuple

Esther 4:10-17

Esther était une belle et gentille jeune femme qui est devenue la**reine de Perse**. Mais Esther avait un secret : elle faisait partie du peuple de Dieu,**Israélites**.

Un jour, un homme méchant nommé**Haman**Il élabora un plan pour faire du mal à tous les Israélites. Il trompa le roi en lui faisant adopter une loi autorisant les gens à leur faire du mal.

La cousine d'Esther**Mardochée**Il entendit parler du projet. Il envoya un message à Esther : « Tu dois parler au roi et mettre fin à tout cela ! »

Esther avait peur. « Si je vais voir le roi sans y être invitée, je risque d'être punie », dit-elle. Mais Mardochée lui rappela : « Peut-être as-tu été faite reine ?**pour un temps comme celui-ci**."

Esther pria, puis prit une décision courageuse : elle irait trouver le roi, même si c'était risqué.

Elle demanda à tout le peuple de prier pour elle aussi. Puis Esther alla trouver le roi. Quand il la vit, il sourit et lui tendit son sceptre d'or. Cela signifiait qu'Esther était en sécurité !

Esther raconta tout au roi : le plan d'Haman et son peuple. Le roi fut choqué et très en colère contre Haman.

Il a arrêté le mauvais plan, et les Israélites ont été sauvés !

Grâce au courage et à la foi d'Esther, de nombreuses vies ont été sauvées. Elle a montré qu'un seul choix courageux peut faire toute la différence.

💡 Leçon du jour

Dieu peut vous utiliser pour accomplir des actes courageux ! En défendant ce qui est juste, nous pouvons aussi aider les autres.

Job reste fidèle

Job 1:6-22

Job était un homme bon qui aimait et obéissait à Dieu. Il menait une vie heureuse avec une grande famille, beaucoup d'animaux et de nombreuses bénédictions.

Un jour, Satan dit à Dieu : « Job ne t'aime que parce que tu le bénis. Si tu lui enlèves tout, il ne te suivra plus. »

Dieu a permis à Satan de tester Job, mais lui a dit de ne pas lui faire de mal.

Soudain, la vie de Job a basculé. Ses animaux ont été volés, ses serviteurs ont été enlevés et ses enfants sont morts dans un terrible accident. Ce fut un jour très, très triste.

Même si son cœur était brisé, Job ne s'est pas mis en colère contre Dieu. Il a dit : « L'Éternel a donné, et l'Éternel a repris.**Que le nom du Seigneur soit béni.**"

Plus tard, Job tomba malade et souffrit de plaies douloureuses. Sa femme lui dit : « Laisse tomber et cesse de faire confiance à Dieu ! »

Mais Job répondit : « Devrions-nous accepter seulement le bien de Dieu et non pas aussi les ennuis ? »

Même s'il ne comprenait pas pourquoi ces mauvaises choses arrivaient, Job continuait de faire confiance à Dieu. Il ne se plaignait pas et ne se détournait pas.

Finalement, Dieu bénit à nouveau Job. Il lui donna plus d'enfants, plus d'animaux et plus de joie qu'auparavant. Dieu était fier de la foi de Job.

Leçon du jour

Même quand la vie est dure, nous pouvons toujours faire confiance à Dieu. Il voit notre douleur et est toujours proche.

Le Seigneur est mon berger

Psaume 23

Davida écrit une belle chanson intitulée**Psaume 23**Dans cette chanson, David appelle Dieu son**berger**.

Un berger prend soin de ses brebis. Il les conduit vers l'herbe verte et l'eau fraîche. Il les protège du danger. David a dit que Dieu est ainsi pour nous !

« Le Seigneur est mon berger. J'ai tout ce dont j'ai besoin », écrivit David. Il savait que Dieu prendrait toujours soin de lui.

« Il me fait reposer dans de verts pâturages. Il me conduit près des eaux paisibles. Il rafraîchit mon âme. »

Quand David avait peur ou traversait des moments difficiles, il disait : « Même si je traverse la vallée la plus sombre, je n'aurai pas peur. Tu es avec moi. »

Dieu nous donne paix, protection et direction. David faisait confiance à Dieu comme une brebis fait confiance à son berger.

David dit aussi : « Ta bonté et ton amour m'accompagneront tous les jours de ma vie. J'habiterai dans la maison de l'Éternel pour toujours. »

Le Psaume 23 nous rappelle que quoi qu'il arrive, Dieu est toujours proche et prend soin de nous.

💡 Leçon du jour

Dieu est notre berger. Il prend soin de nous, nous guide et nous aime chaque jour.

🙏 Prière

Mon Dieu,
Merci d'être mon berger. Aide-moi à te faire confiance pour toujours me guider et me protéger. Amen.

Ayez confiance dans le Seigneur

Proverbes 3:5-6

La Bible nous enseigne que faire confiance à Dieu est l'une des choses les plus importantes que nous puissions faire. Dans Proverbes 3:5-6, nous lisons :

"**Ayez confiance en l'Éternel de tout votre cœur. Ne vous fiez pas à votre propre compréhension. Reconnais-le dans toutes tes voies, et il aplanira tes sentiers.**"

Qu'est-ce que cela signifie pour les enfants comme vous ?

Cela signifie que même lorsque nous ne comprenons pas ce qui se passe, nous pouvons**faire confiance à Dieu**Il voit l'ensemble du tableau, même lorsque nous n'en voyons qu'une petite partie.

Parfois, les choses ne se passent pas comme on le souhaite, comme perdre un match, se sentir exclu ou ne pas obtenir ce qu'on espérait. Mais Dieu dit : «

Fais-moi confiance. Je te guide. » Tout comme un GPS aide les conducteurs à trouver leur chemin, Dieu nous aide à trouver la voie.**le bon chemin**quand nous l'écoutons.

Faire confiance à Dieu signifie aussi lui parler par la prière, lire sa Parole et faire ce qui est juste, même dans les moments difficiles. Il promet de prendre soin de nous et de nous guider pas à pas.

Leçon du jour

Dieu veut que nous lui fassions confiance de tout notre cœur. Il nous guidera si nous le suivons.

La vision d'Isaïe

Ésaïe 6:1-8

Un jour, un homme nommé**Isaïe**Il se rendit au temple pour prier. Pendant qu'il était là, quelque chose d'étonnant se produisit : il eut une**vision de Dieu**!

Ésaïe vit le Seigneur assis sur un trône élevé, et les pans de sa robe remplissaient le temple. Il y avait des créatures célestes appeléés**séraphins**Ils volaient partout. Ils chantaient : «**Saint, saint, saint est le Seigneur Tout-Puissant !**"

Tout tremblait et la fumée emplissait l'air. Isaïe était stupéfait, mais aussi effrayé. Il dit : « Je ne suis pas assez bien pour être ici. J'ai dit des choses mauvaises, et les gens autour de moi aussi. »

Alors l'un des séraphins vola vers Isaïe et toucha ses lèvres avec un charbon ardent pris sur l'autel. L'ange dit : « Maintenant tes péchés sont pardonnés. »

Après cela, Ésaïe entendit la voix de Dieu : «**Qui enverrai-je ? Qui marchera pour nous ?**"

Isaïe était courageux. Il répondit : «**Me voici ! Envoie-moi !**"

Isaïe est devenu un grand prophète qui a partagé les messages de Dieu avec le peuple.

Leçon du jour

Dieu veut des gens prêts à le servir. Nous n'avons pas besoin d'être parfaits, juste prêts à dire oui.

Jérémie et le potier

Jérémie 18:1-6

Dieu a dit au prophète**Jérémie**aller à un**maison du potier**Un potier est quelqu'un qui fabrique des objets en argile.

Jérémie regarda le potier façonner un pot sur le tour. Mais le pot s'est abîmé. Alors le potier a écrasé l'argile et a recommencé, fabriquant un pot tout neuf.

Alors Dieu parla à Jérémie. Il dit : «**Tout comme le potier façonne l'argile, je peux façonner mon peuple.**"

Parfois, nous faisons des erreurs. Parfois, les choses ne se passent pas comme prévu. Mais Dieu ne nous abandonne pas. Il nous aide à grandir et à devenir meilleurs, tout comme le potier a réparé son pot.

Dieu a un bon plan pour chacun de nous. Il est patient et bienveillant, et il œuvre toujours pour nous aider à devenir ce qu'il a créé pour nous.

Leçon du jour

Dieu est comme un potier, et nous sommes l'argile. Il peut façonner nos vies de manière merveilleuse si nous lui faisons confiance.

Ézéchiel et les ossements desséchés

Ézéchiel 37: 1-14

Ézéchiel était un prophète qui aimait Dieu et transmettait ses messages au peuple d'Israël. Un jour, Dieu lui donna une puissante**vision**pour lui montrer quelque chose d'important.

Dans la vision, Dieu emmena Ézéchiel dans une vallée remplie de**os secs**Il y avait des os partout – sans peau, sans muscles, sans vie. Juste de vieux os secs gisant dans la poussière.

Dieu demanda à Ézéchiel : « Ces os peuvent-ils revivre ? »

Ézéchiel répondit : « Seigneur, toi seul le sais. »

Alors Dieu dit à Ézéchiel de parler aux ossements et de dire : « Ossements desséchés, écoutez la parole de l'Éternel ! »

Dès qu'Ézéchiel parla, les os commencèrent à**cliqueter et bouger**Ils se rassemblèrent, os contre os. Muscles et peau se formèrent, mais les corps n'étaient toujours pas vivants.

Alors Dieu dit : « Maintenant, parle au vent et appelle-le à la respiration. » Ézéchiel obéit. Il parla, et le**souffle de vie**Ils entrèrent dans les corps. Ils se dressèrent, grands, comme une immense armée vivante !

Dieu expliqua la vision : « Ces ossements sont comme mon peuple. Ils se sentent secs, fatigués et désespérés. Mais je peux les ramener à la vie. Je peux leur donner de l'espoir et un esprit nouveau. »

Cette vision a montré que même lorsque les choses semblent brisées ou perdues, Dieu peut tout refaire.

Leçon du jour

Dieu apporte la vie dans les lieux arides. Même lorsque nous nous sentons fatigués ou tristes, il peut nous donner espoir et force.

Daniel dans la fosse aux lions

Daniel 6:10-23

Daniel aimait Dieu et le priait chaque jour. Il était sage et honnête, et le roi avait confiance en lui.

Mais certains hommes, jaloux, trompèrent le roi et le trompèrent en lui faisant adopter une loi stipulant : « Nul ne peut prier qui que ce soit d'autre que le roi pendant 30 jours. » Quiconque enfreignait cette règle était jeté dans une prison.**la fosse aux lions**!

Daniel entendit parler de la nouvelle loi, mais il ne cessa pas de prier. Il alla dans sa chambre, s'agenouilla près de la fenêtre et parla à Dieu comme toujours.

Les hommes jaloux l'attrapèrent et le rapportèrent au roi. Le roi fut triste car il aimait Daniel, mais il devait obéir à la loi. Daniel fut donc jeté dans une fosse remplie de lions affamés.

Cette nuit-là, le roi ne put dormir. Il s'inquiétait pour Daniel. Au matin, il se précipita vers la fosse et cria : « Daniel, ton Dieu t'a-t-il sauvé ? »

Et devinez quoi ? Daniel était sain et sauf ! Il dit : « Dieu a envoyé son ange pour fermer la gueule des lions. »

Le roi était si heureux qu'il fit sortir Daniel et promulgua une nouvelle loi stipulant que chacun devait respecter le Dieu de Daniel, qui l'avait sauvé.

Leçon du jour

Dieu protège ceux qui sont fidèles. Même dans les situations difficiles, il est toujours avec nous.

L'amour pardonnant d'Osée

Osée 3:1-5

Osée était un prophète, et Dieu lui a confié une tâche très spéciale et difficile. Dieu lui a dit d'épouser une femme qui ne faisait pas toujours les bons choix. Elle l'a quitté et ne l'a pas traité avec bonté.

Même si elle lui a fait du mal, Dieu a dit à Osée de**pardonne-lui** et **la ramener à la maison**Osée obéit. Il la retrouva, lui pardonna et l'aima de nouveau.

Dieu a dit : « C'est comme mon amour pour mon peuple. Même lorsqu'ils s'éloignent de moi, je les aime toujours. Je veux qu'ils reviennent à moi. »

L'histoire d'Osée montre à quel point l'amour de Dieu est profond et bienveillant. Il ne nous abandonne pas, même lorsque nous commettons des erreurs. Il est toujours prêt à pardonner.

Ce genre d'amour est patient, fort et sans fin.

💡 Leçon du jour

L'amour de Dieu est plein de pardon. Il nous accueille à bras ouverts lorsque nous nous tournons vers lui.

Jonas et le gros poisson

Jonas 1:1-17

Jonas était un prophète qui aimait Dieu, mais un jour, il ne voulut pas faire ce que Dieu lui demandait. Dieu dit à Jonas : « Va à la ville de**Ninive**et dites aux gens d'arrêter de faire de mauvaises choses.

Mais Jonas ne voulait pas y aller. Il n'aimait pas les habitants de Ninive et pensait qu'ils ne méritaient pas une seconde chance. Alors, au lieu d'obéir, Jonas s'enfuit !

Il est monté sur un bateau qui allait dans le**direction opposée**Mais Dieu envoya une grande tempête. Le vent souffla, les vagues s'écrasèrent et les marins furent terrifiés.

Jonas savait que la tempête était de sa faute. Il dit aux marins : « Jetez-moi à la mer, et la tempête s'arrêtera. » Ils ne le voulaient pas, mais ils finirent par le faire.

Dès que Jonas a touché l'eau, la tempête s'est arrêtée. Mais Jonas ne s'est pas noyé. Dieu a envoyé un**gros poisson**pour l'avaler !

Dans le ventre du poisson, Jonas pria. Il dit : « Seigneur, je suis désolé. Je ferai ce que tu demandes. »

Après trois jours et trois nuits, le poisson recracha Jonas sur la terre ferme. Jonas partit alors pour Ninive, comme Dieu l'avait dit.

Il a dit au peuple de changer de conduite, et ils l'ont écouté ! Ils ont présenté leurs excuses à Dieu, et il leur a pardonné.

Jonas a appris que Dieu est plein de miséricorde et que chacun mérite une chance de se tourner vers Lui.

Leçon du jour

Dieu veut que nous obéissions, même dans les moments difficiles. Il aime tout le monde et donne une seconde chance.

Le message de justice de Michée

Michée 6:6-8

Michée était un prophète qui transmettait des messages de Dieu. Un jour, le peuple demanda : «

Que veut Dieu de nous ? Devons-nous lui offrir de beaux cadeaux ou de grands sacrifices ? »

Mais Michée donna une réponse simple et percutante. Il dit : « **Dieu vous a montré ce qui est bon.**Et qu'est-ce que le Seigneur exige de vous ?

- **Agir avec justice**(fais ce qui est juste),
- **Aimer la miséricorde**(soyez gentil et indulgent), et
- **Marcher humblement avec ton Dieu**(restez proche de Dieu et soyez reconnaissant).

Dieu ne veut pas de luxe. Il veut des cœurs justes, bienveillants et humbles. Cela signifie que nous devons dire la vérité, traiter les autres avec bienveillance, leur pardonner et nous rappeler que Dieu est notre guide.

Même les enfants peuvent vivre de cette façon au quotidien : en étant honnêtes, en aidant les autres et en choisissant la gentillesse.

Le message de Michée est toujours d'actualité !

Leçon du jour

Dieu veut que nous vivions avec justice, bonté et humilité. Ce qui compte, ce n'est pas ce que nous donnons, mais notre façon de vivre.

Habacuc fait confiance à Dieu

Habacuc 3:17-19

Habacuc était un prophète qui posait à Dieu des questions difficiles. Il observait autour de lui et constatait que des malheurs se produisaient. Les gens se faisaient du mal et la vie était injuste.

Habacuc s'écria : « Pourquoi, Seigneur ? Pourquoi les méchants semblent-ils gagner ? »

Dieu écouta Habacuc et répondit : « Ne t'inquiète pas. Je vois tout et je ferai justice. Attends et fais-moi confiance. »

Plus tard, Habacuc écrivit une prière spéciale. Même si rien n'avait encore changé, il choisit de**faire confiance à Dieu**.

Il a dit : « Même si le figuier ne fleurit pas et qu'il n'y a pas de nourriture dans les champs…**je me réjouirai toujours dans le Seigneur**. Je serai heureux parce que Dieu est ma force.

Habacuc nous a montré que même lorsque les choses semblent mauvaises, nous pouvons toujours louer Dieu. Notre foi ne dépend pas de ce que nous voyons, mais de qui est Dieu.

Dieu nous donne de la force lorsque nous nous sentons faibles et de l'espoir lorsque nous nous sentons tristes.

Leçon du jour

La foi, c'est faire confiance à Dieu même dans les moments difficiles. Il est toujours avec nous et nous donne la force de persévérer.

Sophonie : Dieu se réjouit de toi

Sophonie 3:17

Le prophète**Sophonie**Ils vivaient à une époque où beaucoup avaient oublié Dieu. Ils faisaient les choses à leur manière et n'écoutaient pas ses conseils. Mais Dieu ne les avait pas oubliés. Il a donné à Sophonie un message très spécial, rempli d'espoir et d'amour.

Sophonie dit au peuple que, malgré leurs erreurs et leur éloignement de Dieu, il se souciait toujours profondément d'eux. Dieu voulait qu'ils sachent que son amour était plus fort que leurs échecs. Sophonie fit une belle promesse :

«L'Éternel, ton Dieu, est avec toi. Il est puissant pour sauver. Il prendra plaisir à toi. Il te calmera par son amour. Il se réjouira de toi avec chants de joie."

N'est-ce pas incroyable ? Dieu ne se soucie pas seulement de vous, il**délices**en vous. Cela signifie qu'Il est joyeux d'être près de vous, tout comme un parent qui sourit chaleureusement en regardant son enfant jouer ou dormir.

Et encore plus merveilleux : Dieu**chante**Je te bénis de joie ! Tout comme une berceuse réconforte un bébé ou qu'une mélodie joyeuse donne envie de danser, l'amour de Dieu nous enveloppe de paix, de réconfort et de joie.

Le message de Sophonie nous rappelle que même lorsque nous commettons des erreurs, l'amour de Dieu ne s'épuise jamais. Il est près de nous à chaque instant, prêt à apaiser nos inquiétudes et à célébrer notre vie. Nous ne sommes pas seulement aimés, nous sommes chéris.

Leçon du jour

Dieu se réjouit de vous avec joie et amour. Son cœur est rempli de bonté et il prend plaisir à être proche de vous.

Aggée encourage les bâtisseurs

Aggée 1:1-15

Après de nombreuses années dans un pays étranger, les Israélites sont retournés en**Jérusalem**À leur arrivée, ils étaient impatients de construire une maison et de prendre un nouveau départ. Mais dans leur enthousiasme, ils ont oublié une chose importante : reconstruire.**Le temple de Dieu**.

Dieu a envoyé le prophète**Aggée**pour leur parler. Aggée dit : « Vous vivez dans de belles maisons confortables, mais la maison de Dieu est toujours en ruine. N'est-il pas temps de penser à la maison du Seigneur ? »

Le peuple écouta Aggée. Il réalisa qu'il avait oublié de donner la priorité à Dieu. Il s'était concentré sur ses propres besoins et avait négligé son culte.

Ils se mirent donc au travail. La reconstruction n'était pas facile. Ils étaient fatigués et incertains. Mais Aggée les encouragea par les paroles de Dieu : « **Soyez forts, vous tous. Je suis avec vous, dit le Seigneur.**"

Tandis que les gens travaillaient, quelque chose de merveilleux se produisit. Leurs cœurs se tournèrent vers Dieu, et Il leur donna de la force. Petit à petit, le temple reprit vie. Cela nous rappela que lorsque nous donnons la priorité à Dieu, Il nous donne l'aide dont nous avons besoin.

Cette histoire nous enseigne que Dieu doit toujours passer en premier dans nos vies. Que ce soit par notre temps, notre énergie ou nos choix, honorer Dieu est source de bénédictions.

💡 Leçon du jour

Donnez la priorité à Dieu, et il fortifiera votre cœur. Il est heureux lorsque nous nous concentrons sur l'essentiel : l'aimer et l'honorer.

La vision de Zacharie

Zacharie 1:7-17

Zacharie était un prophète qui a reçu**visions de Dieu**. C'étaient comme des rêves sacrés qui portaient des messages d'espoir, de conseils et de promesses.

Dans une vision puissante, Zacharie vit un homme chevauchant un**cheval rouge**, debout parmi**myrtes**dans une vallée. Derrière lui se trouvaient des chevaux d'autres couleurs : rouges, bruns et blancs. Ces chevaux avaient parcouru toute la terre et l'avaient trouvée.**calme et paisible**.

Alors l'ange qui était avec Zacharie prit la parole. Il expliqua que Dieu avait vu toutes les difficultés du peuple et était prêt à leur montrer**miséricorde** encore.

Dieu a dit : « Je me soucie profondément de**Jérusalem**Je n'ai pas oublié mon peuple. Ma colère est passée, et mon amour le restaurera.

Dieu a alors fait une promesse : «**Mes villes regorgeront de nouveau de biens, ma maison sera reconstruite, et j'apporterai la consolation à Jérusalem.**"

La vision de Zacharie survint à un moment où le peuple était découragé. Il avait besoin de savoir que Dieu avait encore un beau plan pour eux. Il ne les avait pas abandonnés. Il les ramenait.**espoir**,**guérison**, et **un nouveau départ**.

Leçon du jour

Même lorsque tout semble brisé ou calme, Dieu est à l'œuvre. Il apporte espoir et réconfort, et ses plans sont toujours bons.

La venue du Seigneur

Malachie 3:1-6

Le prophète**Malachi**Il fut le dernier prophète de l'Ancien Testament. Il transmit un message à la fois d'avertissement et d'espoir. Dieu annonça à Malachie qu'un être très spécial viendrait préparer le chemin pour le Seigneur.

Dieu a dit : «**J'enverrai mon messager, qui préparera le chemin devant moi. Alors le Seigneur que vous cherchez viendra soudain à son temple.**"

Ce messager sera plus tard connu sous le nom de**Jean-Baptiste**, qui aiderait les gens à se préparer à l'arrivée de**Jésus**.

Malachie a également partagé que lorsque le Seigneur viendra, Il sera comme un**feu du raffineur**Cela signifie qu'il purifierait le cœur des gens, brûlant le mal et laissant le bien. Il ne viendrait pas pour détruire, mais pour**rendre les gens purs et prêts à marcher avec Dieu**.

Dieu a également dit quelque chose de réconfortant : «**Je ne change pas. C'est pourquoi tu n'es pas détruit. Reviens à moi, et je reviendrai à toi.**"

Les paroles de Malachie annonçaient l'avenir, rappelant à tous que Dieu tient toujours ses promesses. L'une de ces promesses était que le

Sauveur, Jésus, viendrait apporter lumière, pardon et joie au monde.

Leçon du jour

Dieu est fidèle et immuable. Il promet de s'approcher de nous lorsque nous tournons notre cœur vers lui, et son amour est toujours prêt à nous accueillir.

HISTOIRES DU NOUVEAU TESTAMENT

Un ange rend visite à Marie

Luc 1:26-38

Un jour tranquille, une jeune femme nomméeMarieElle vaquait à ses occupations dans la ville de Nazareth. Marie aimait Dieu et menait une vie simple et bienveillante. Mais quelque chose d'extraordinaire allait se produire !

Soudain, une lumière vive a rempli la pièce, et un**ange nommé Gabriel**est apparu ! Marie était surprise et un peu effrayée.

« N'aie pas peur, Marie », dit l'ange avec gentillesse. « Dieu t'a choisie pour quelque chose de très spécial. Tu vas avoir un enfant. Tu lui donneras un nom.**Jésus**, et Il sera le**Fils de Dieu**."

Marie était stupéfaite. Elle demanda : « Comment cela a-t-il pu arriver ? »

Gabriel répondit : « Le Saint-Esprit viendra sur toi, et l'enfant sera le Fils de Dieu. Rien n'est impossible à Dieu ! »

Marie ne comprenait pas tout, mais elle faisait confiance à Dieu. Elle prit une grande inspiration et dit : «**Je suis le serviteur du Seigneur. Que tout ce que tu as dit s'accomplisse.**"

Quelle réponse courageuse et fidèle !

Dieu a choisi Marie pour être la mère de Jésus en raison de sa foi et de son cœur aimant. Son histoire nous rappelle que Dieu peut utiliser quiconque est prêt à lui dire oui.

Leçon du jour

Quand Dieu nous appelle, nous pouvons dire oui avec foi, comme Marie. Rien ne lui est impossible.

Jésus est né

Luc 2:1-20

Il y a longtemps, l'empereur de Rome voulut recenser tous les habitants de son territoire. Chacun dut donc se rendre dans sa ville natale.**Marie et**

Josephdevait aller à**Bethléem**, même si Marie était sur le point d'avoir son bébé.

Bethléem était bondée et il n'y avait plus de place. Finalement, ils trouvèrent un endroit où dormir : une étable où dormaient les animaux.

Cette nuit-là, quelque chose de merveilleux s'est produit.**L'Enfant Jésus est né !**Marie l'enveloppa de doux linges et le déposa dans un**manger**, une boîte où mangent les animaux.

Pas loin,**bergers**observaient leurs moutons. Soudain, le ciel s'est illuminé d'une lumière vive !**ange**apparut et dit : «**N'ayez pas peur ! J'apporte une bonne nouvelle. Aujourd'hui, un Sauveur est né : le Christ, le Seigneur !**"

Puis le ciel s'est rempli d'anges chantant : «**Gloire à Dieu au plus haut des cieux !**"

Les bergers se précipitèrent vers Bethléem et trouvèrent l'enfant Jésus, comme l'ange l'avait annoncé. Ils furent remplis de joie et le racontèrent à tous ceux qu'ils rencontraient.

Marie gardait précieusement toutes ces choses dans son cœur. Le monde avait changé à jamais grâce à la venue de Jésus.

Leçon du jour

Jésus est venu apporter la paix, la joie et l'amour au monde. Sa naissance est le plus beau des cadeaux.

La visite des Rois Mages

Matthieu 2:1-12

Loin à l'Est,**les sages**Ils virent une étoile brillante dans le ciel. Ils comprirent que cela signifiait quelque chose de très spécial : une nouvelle**roi**était né !

Ils emballèrent des cadeaux et partirent pour un long voyage, suivant l'étoile. Le voyage dura plusieurs jours, mais ils étaient déterminés à retrouver cet enfant si spécial.

Quand ils sont arrivés à**Jérusalem**Ils demandèrent : « Où est le roi des Juifs qui vient de naître ? Nous avons vu son étoile et nous sommes venus l'adorer. »

Le roi Hérode entendit cela et fut troublé. Il ne voulait pas d'un autre roi ! Mais il dit aux mages : « Allez à Bethléem. Quand vous aurez trouvé l'enfant, venez me l'annoncer, afin que je puisse l'adorer aussi. » (Mais il ne disait pas la vérité !)

Les mages suivirent de nouveau l'étoile jusqu'à ce qu'elle s'arrête au-dessus de l'endroit où se trouvait Jésus. Ils furent remplis de joie !

Ils entrèrent, se prosternèrent et donnèrent leurs présents à Jésus :**or, encens et myrrhe**C'étaient des cadeaux dignes d'un roi.

Cette nuit-là, Dieu avertit les mages en songe de ne pas retourner auprès d'Hérode. Ils rentrèrent donc chez eux par un autre chemin.

Ces sages nous rappellent de chercher Jésus avec notre cœur et de lui donner le meilleur de nous-mêmes.

Leçon du jour

Quand nous cherchons Jésus, nous trouvons la joie. Il est le plus grand trésor que nous puissions découvrir.

Jésus au Temple

Luc 2:41-52

Chaque année, Marie et Joseph se rendaient à**Jérusalem**pour la fête de Pâques. À douze ans, Jésus les accompagna. Ce fut un moment joyeux, rempli de prières, de chants et de moments en famille.

Après la fête, Marie et Joseph commencèrent leur voyage de retour. Ils pensaient que Jésus était accompagné d'amis ou de parents. Mais au bout d'une journée, ils réalisèrent qu'il avait disparu !

Inquiets, ils se sont précipités vers Jérusalem et ont cherché**trois jours**. Finalement, ils trouvèrent Jésus dans le**temple**, assis avec les professeurs. Il était**écoute**soigneusement et**poser des questions**. Tout le monde était étonné de voir à quel point il était sage et attentionné.

Marie dit : « Jésus, pourquoi es-tu resté ? Nous étions si inquiets ! »

Jésus répondit : « Ne saviez-vous pas que je serais dans**La maison de mon Père**?"

Marie et Joseph ne comprenaient pas tout à fait, mais ils savaient que Jésus était spécial. Il rentrait chez eux et leur obéissait. Et à mesure que Jésus grandissait, il devenait sage et fort, et tout le monde l'admirait.

Leçon du jour

Jésus aimait apprendre à connaître Dieu. Nous aussi, nous pouvons grandir en sagesse en l'écoutant, en posant des questions et en passant du temps avec Dieu.

Jésus est baptisé

Matthieu 3:13-17

Un jour, **Jésus**est venu à la**Jourdain**, où son cousin**Jean-Baptiste**Il prêchait et baptisait. Jean appelait chacun à se tourner vers Dieu et à vivre une vie bonne et honnête.

Quand Jésus demanda à être baptisé, Jean fut surpris. « Tu devrais me baptiser ! » dit Jean. « Pourquoi viens-tu à moi ? »

Mais Jésus répondit : « Laisse faire ainsi pour le moment. Il est bon pour nous de faire tout ce que Dieu veut. »

Jean fit donc descendre doucement Jésus dans l'eau et le remonta.

Soudain, quelque chose d'étonnant s'est produit !**les cieux se sont ouverts**, et le**Saint Esprit**est descendu comme un**Où**et se reposa sur Jésus.

Puis une voix venue du ciel dit : «**Celui-ci est mon Fils bien-aimé. Je suis très content de lui.**"

Ce fut le début du ministère de Jésus : sa mission spéciale d'enseigner, de guérir et de montrer l'amour de Dieu au monde.

Leçon du jour

Jésus nous a montré comment suivre Dieu. Le baptême est une manière particulière de lui montrer que nous lui appartenons.

Jésus appelle les pêcheurs

Matthieu 4:18:22

Un matin, Jésus marchait près du**mer de Galilée**Il vit deux frères,**Simon Pierre** et **André**, jetant leurs filets dans l'eau. C'étaient des pêcheurs, travaillant dur pour attraper du poisson.

Jésus les appela : «**Viens, suis-moi, et je t'apprendrai à pêcher des hommes !**"

Aussitôt, ils laissèrent tomber leurs filets et suivirent Jésus. Ils ne posèrent aucune question et n'attendirent pas : ils savaient que c'était quelque chose de spécial.

Plus loin, Jésus vit deux autres frères :**Jacques** et **John**Ils étaient dans un bateau avec leur père, en train de réparer des filets de pêche.

Jésus les appela aussi. Sans tarder, Jacques et Jean quittèrent la barque, leurs filets et même leur père pour le suivre.

Ces pêcheurs sont devenus**Les premiers disciples de Jésus**Ils n'avaient pas de compétences particulières ni de métiers particuliers, mais Jésus voyait leur cœur. Il savait qu'ils contribueraient à partager l'amour de Dieu avec les autres.

Cette histoire montre que Jésus nous invite tous à le suivre. Nous n'avons pas besoin d'être parfaits. Il nous suffit d'être prêts et disposés à dire oui.

Leçon du jour

Jésus nous appelle chacun à le suivre. Lorsque nous répondons oui, il nous aide à accomplir des choses extraordinaires pour Dieu.

Le Sermon sur la montagne

Matthieu 5:1:16

Un jour, Jésus vit une grande foule qui le suivait. Désireux d'entendre ses enseignements, il gravit une colline, s'assit et commença à enseigner. Ce message particulier est appelé le**Sermon sur la montagne**.

Jésus a commencé par partager le**Béatitudes**—des paroles aimables et encourageantes sur ceux qui sont vraiment bénis aux yeux de Dieu.

Il a dit :

- « Heureux les**pauvre en esprit**, car le royaume des cieux est à eux.
- « Heureux ceux qui**pleurer**, car ils seront consolés.
- « Heureux les**artisans de paix**, car ils seront appelés enfants de Dieu.
- « Heureux ceux qui**faim et soif de justice**, car ils seront rassasiés.

Jésus enseignait que les bénédictions de Dieu ne sont pas seulement pour les riches, les puissants ou les orgueilleux, mais pour les**humble, gentil et fidèle**.

Alors Jésus dit au peuple : « Vous êtes les**lumière du monde**.Que votre lumière brille devant les autres, afin qu'ils voient vos bonnes œuvres et louent votre Père qui est dans les cieux.

Cela signifie que lorsque nous faisons ce qui est juste – comme aider les autres, être gentil et dire la vérité – nous brillons comme des lumières pour Dieu.

Leçon du jour

Dieu voit notre cœur. Lorsque nous vivons avec bonté et amour, nous faisons rayonner sa lumière sur les autres.

Jésus guérit un homme paralysé

Marc 2:1-12

Un jour, Jésus enseignait dans une maison. La pièce était pleine à craquer, si pleine que personne d'autre ne pouvait entrer, même pas par la porte !

Quatre amis arrivèrent, portant un homme incapable de marcher. Ils voulaient que Jésus le guérisse, mais ils ne purent se frayer un chemin à travers la foule.

Alors ils grimpèrent jusqu'au**toit**, fait un trou, et**ont abaissé leur ami**juste devant Jésus !

Jésus vit leur grande foi. Il regarda l'homme et dit : «**Vos péchés sont pardonnés.**"

Certains enseignants à proximité étaient contrariés. « Seul Dieu peut pardonner les péchés », murmuraient-ils.

Jésus savait ce qu'ils pensaient. Il leur dit donc : « Qu'est-ce qui est le plus facile : dire "Tes péchés te sont pardonnés" ou "Lève-toi et marche" ? »

Puis il dit à l'homme : «**Lève-toi, prends ton tapis et rentre chez toi.**"

Et l'homme le fit ! Il se leva, prit sa natte et sortit sous le regard émerveillé de tous.

Le peuple loua Dieu et dit : « Nous n’avons jamais rien vu de tel ! »

Leçon du jour

La foi est puissante. Jésus voit notre cœur et a le pouvoir de pardonner et de guérir.

Jésus calme la tempête

Marc 4:35-41

Un soir, Jésus et ses disciples montèrent dans une barque pour traverser la mer. Pendant qu'ils naviguaient, Jésus se coucha et s'endormit.

Soudain, un**terrible tempête**Le vent hurlait, les vagues s'écrasaient sur le bateau et l'eau commençait à le remplir.

Les disciples furent effrayés. Ils réveillèrent Jésus et crièrent : «**Professeur, cela ne vous dérange pas que nous nous noyions ?**"

Jésus se leva, regarda la tempête et dit : «**Paix ! Restez tranquille !**"

Aussitôt, le vent cessa. Les vagues se calmèrent. Tout était calme.

Jésus se tourna vers ses amis et leur demanda : « Pourquoi avez-vous si peur ? N'avez-vous pas encore la foi ? »

Les disciples furent stupéfaits. Ils se murmurèrent : « Qui est-il ? Même le vent et les vagues lui obéissent ! »

Jésus leur a montré qu'il a pouvoir sur tout, même sur la nature. Et il leur a rappelé qu'ils pouvaient lui faire confiance, quoi qu'il arrive.

Leçon du jour

Jésus apporte la paix, même dans les tempêtes les plus effrayantes. Nous pouvons lui faire confiance en tout.

Jésus nourrit 5 000 personnes

Jean 6:1-14

Une grande foule suivait Jésus pour l'écouter enseigner. Il y avait**5 000 hommes**, et bien d'autres femmes et enfants ! Tout le monde avait faim, mais il n'y avait rien à manger à proximité.

Jésus a demandé à ses disciples**Philippe**« Où pouvons-nous acheter de la nourriture pour tout le monde ? » Philippe regarda autour de lui et dit : « Même si nous avions beaucoup d'argent, nous ne pourrions pas acheter assez de pain ! »

Puis un autre disciple,**André**, a dit : « Il y a un garçon ici avec**cinq pains et deux poissons**. Mais ce n'est pas suffisant pour cette grande foule.

Jésus sourit et dit : « Faites asseoir les gens. »

Les gens s'assirent sur l'herbe. Jésus prit son petit déjeuner, leva les yeux au ciel et**remercié Dieu**. Puis il a commencé à distribuer de la nourriture.

Et quelque chose d'étonnant s'est produit : la nourriture**n'est pas épuisé !**Tout le monde a mangé jusqu'à être rassasié.

Après que tout le monde eut fini, les disciples ramassèrent les restes.**douze paniers** complet!

Les gens étaient stupéfaits. Ils disaient : « Ce doit être le Prophète que nous attendions ! »

Jésus a montré que lorsque nous donnons ce que nous avons, aussi petit soit-il, Dieu peut faire de grandes choses.

Leçon du jour

Dieu peut utiliser n'importe quoi, même un petit déjeuner, pour accomplir de grands miracles. Confiez-lui ce que vous avez.

Jésus marche sur l'eau

Matthieu 14:22-33

Après avoir nourri l'immense foule, Jésus envoya ses disciples de l'autre côté du lac dans une barque tandis qu'il montait sur une montagne pour**prier** seul.

Plus tard dans la nuit, une forte**vent**Le vent soufflait et la barque était ballottée par les vagues. Les disciples étaient en difficulté et effrayés.

Puis ils ont vu quelque chose – ou quelqu'un –**marcher sur l'eau !**Ils ont crié : « C'est un fantôme ! »

Mais la voix dit : «**Courage ! C'est moi, n'ayez pas peur.**« C'était Jésus !

PierreIl s'écria : « Seigneur, si c'est vraiment Toi, dis-moi de venir à Toi sur l'eau. »

Jésus dit : « Viens. »

Pierre sortit de la barque et marcha sur l'eau vers Jésus ! Mais il vit le vent et les vagues et prit peur. Il commença à**couler**et cria : « Seigneur, sauve-moi ! »

Jésus tendit la main et**l'a attrapé**« Pourquoi as-tu douté ? » demanda-t-il.

Lorsqu'ils furent montés dans la barque, le vent cessa. Les disciples adorèrent Jésus et dirent : «**Vraiment, tu es le Fils de Dieu !**"

Leçon du jour

En gardant les yeux fixés sur Jésus, nous pouvons accomplir des choses extraordinaires. Il est toujours là pour nous rattraper lorsque nous tombons.

Le bon Samaritain

Luc 10:25-37

Un jour, un homme demanda à Jésus : « Qui est mon prochain ? » Alors Jésus raconta une histoire.

Un homme voyageait sur une route lorsque**voleurs**Ils l'ont attaqué. Ils ont tout volé et l'ont laissé seul et blessé.

Tout d'abord, un**prêtre**Il est passé. Mais il a traversé de l'autre côté et n'a rien fait.

Ensuite, un**lévite**Un homme qui travaillait aussi dans le temple arriva. Mais lui aussi passa sans aider.

Puis un**samaritain**Les Samaritains et les Juifs ne s'entendaient généralement pas, mais cet homme s'en fichait. Il vit l'homme blessé et ressentit**compassion**.

Il **pansé ses blessures**, le mit sur son propre âne et l'emmena dans une auberge. Il paya même l'aubergiste pour qu'il prenne soin de lui.

Jésus demanda : « Lequel des hommes était un prochain ? »

La réponse ? « Celui qui a fait preuve de bonté. »

Jésus a dit : «**Allez et faites la même chose.**"

Leçon du jour

Être un bon voisin signifie faire preuve d'amour et de gentillesse envers tout le monde, même envers ceux qui sont différents de nous.

Le fils prodigue

Luc 15: 11-32

Jésus a raconté l'histoire d'un père et de ses deux fils.

Un jour, le plus jeune fils dit : « Père, donne-moi ma part de l'argent de la famille maintenant. » Alors le père la lui donna.

Le fils fit ses valises et partit au loin. Il dépensa tout son argent en bêtises et en une vie de folie. Bientôt, il eut**il ne reste plus rien**Il avait tellement faim qu'il a accepté un travail de nourrisseur de cochons. Il était si pauvre qu'il voulait manger la nourriture des cochons !

Puis il se souvint de son père et dit : « Même les ouvriers de mon père ont de quoi manger. Je rentrerai chez moi et je dirai : "Père, je suis désolé. Je ne mérite pas d'être ton fils. S'il te plaît, laisse-moi travailler pour toi." »

Il commença donc le voyage de retour. Alors qu'il était encore loin, son**père l'a vu**Il courut vers son fils, lui fit un gros câlin et l'embrassa !

Le fils dit : « Père, j'ai mal agi. Je ne mérite pas d'être ton fils. »

Mais le père dit : « Vite ! Apportez-lui des vêtements propres, une bague et des sandales !

Faisons un festin et célébrons. Mon fils était perdu, mais maintenant il est retrouvé ! »

Le frère aîné était contrarié. « J'ai toujours travaillé dur. Pourquoi le fêtons-nous ? »

Le père dit : « Tu es toujours avec moi, et tout ce que j'ai est à toi. Mais il faut fêter ça. Ton frère était perdu et il est revenu ! »

Leçon du jour

Dieu nous accueille toujours avec amour, quoi que nous ayons fait. Son pardon est empreint de joie.

Jésus et les enfants

Marc 10: 13-16

Un jour, des gens apportaient leur**enfants**pour voir Jésus. Ils voulaient qu'il les bénisse.

Mais le**disciples**Je leur ai dit d'arrêter. « Jésus est trop occupé », ont-ils dit. « Il ne veut pas s'occuper des petits enfants. »

Quand Jésus entendit cela, il ne fut pas content. Il dit : «**Laissez les enfants venir à moi ! Ne les en empêchez pas. Le royaume de Dieu appartient à ceux qui sont comme ces petits.**"

Alors Jésus fit quelque chose de beau. Il prit les enfants dans ses bras,**il leur a imposé les mains**, et **les bénit**.

Jésus a montré à tous que les enfants sont importants pour Dieu. Il les aime, les écoute et les accueille.

Personne n'est trop petit ou trop jeune pour être proche de Jésus !

Leçon du jour

Jésus aime les enfants et les veut près de lui. On n'est jamais trop petit pour faire partie de la grande famille de Dieu.

Zachée rencontre Jésus

Luc 19:1-10

Zachée était un**collecteur d'impôts**, et beaucoup de gens ne l'aimaient pas. Il prenait plus d'argent qu'il n'était censé le faire, et les gens le prenaient pour un avide.

Un jour, Jésus est venu à**Jéricho**, et Zachée voulait le voir. Mais Zachée était**court**, et la foule était trop nombreuse. Il courut donc devant et grimpa sur un**sycomore**!

Lorsque Jésus atteignit l'arbre, il leva les yeux et dit : «**Zachée, descends ! Je vais chez toi aujourd'hui.**"

Zachée descendit rapidement et accueillit Jésus avec joie.

Les gens dans la foule étaient surpris. « Pourquoi Jésus rend-il visite à quelqu'un comme lui ? » murmuraient-ils.

Mais Zachée se leva et dit : « Seigneur, je donnerai la moitié de ce que j'ai aux pauvres. Et si j'ai pris de l'argent injustement, je le rembourserai au quadruple ! »

Jésus sourit et dit : «**Aujourd'hui, le salut est arrivé dans cette maison.**"

Zachée a changé son cœur et a choisi de faire ce qui était juste, tout cela parce que Jésus l'aimait.

Leçon du jour

Personne n'est trop perdu pour Jésus. Son amour peut changer les cœurs et apporter joie et pardon.

Jésus ressuscite Lazare

Jean 11:1-44

Lazare était un bon ami de Jésus. Il vivait dans la ville de**Béthanie**avec ses sœurs,**Marie et Marthe**Un jour, Lazare tomba gravement malade.

Marie et Marthe envoyèrent un message à Jésus : « Seigneur, celui que tu aimes est malade. »

Mais Jésus ne se précipita pas à Béthanie. Il y resta encore deux jours. Il dit à ses disciples : « Cette maladie ne mènera pas à la mort. Elle montrera la puissance de Dieu. »

Quand Jésus arriva enfin à Béthanie, Lazare était déjà là.**mort depuis quatre jours**. Marthe courut à sa rencontre et dit : « Seigneur, si tu avais été ici, mon frère ne serait pas mort. »

Jésus lui dit : « Ton frère ressuscitera. » Marthe croyait en la vie après la mort, mais Jésus voulait dire**tout de suite**.

Alors Jésus se rendit au tombeau et vit Marie et beaucoup d'autres en pleurs. Jésus fut si touché par leur tristesse qu'il**pleuré** aussi.

Il se rendit au tombeau, qui était une grotte devant laquelle se trouvait une pierre. Il dit : « Enlevez la pierre. »

Marthe dit : « Mais Seigneur, il est mort depuis quatre jours ! »

Jésus pria Dieu et cria d'une voix forte : «**Lazare, sors !**"

Et Lazare sortit.**vivant!**Il était encore enveloppé de bandelettes, mais Jésus dit : « Enlevez les bandelettes et laissez-le partir. »

Tout le monde était émerveillé. Ils avaient assisté à un véritable miracle !

Leçon du jour

Jésus a pouvoir sur la vie et la mort. Il se soucie profondément de nous et nous apporte de l'espoir, même dans la tristesse.

L'entrée triomphale

Matthieu 21:1-11

Comme Jésus approchait de la ville de**Jérusalem**Il dit à deux de ses disciples : « Allez au village en face. Vous trouverez un**âne**attaché là. Apporte-le-moi.

Les disciples trouvèrent l'âne, comme Jésus l'avait dit. Ils mirent leurs manteaux dessus, et Jésus entra dans la ville.

Les gens l'ont vu venir et se sont enthousiasmés. Ils ont déposé leurs**manteaux** et **branches de palmier**sur la route comme un tapis royal. Ils criaient : «**Hosanna!**Béni soit celui qui vient au nom du Seigneur !

Toute la ville était en effervescence. « Qui est-ce ? » demandaient les gens.

« C'est Jésus, le prophète de Nazareth ! » répondirent les autres.

Ce jour s'appelle**Dimanche des Rameaux**, et cela marqua le début de la dernière semaine de la vie de Jésus sur terre. Malgré les acclamations du peuple, Jésus savait que des jours difficiles l'attendaient. Malgré tout, il entra dans la ville avec courage et paix.

Leçon du jour

Jésus est notre Roi, celui qui apporte paix et joie. Accueillons-le dans nos cœurs chaque jour.

La Cène

Luc 22:7-20

Il était temps pour le**Pâques**, un repas spécial que les Juifs célébraient chaque année. Jésus dit à ses disciples : « Allez préparer le repas. Vous trouverez un homme portant une cruche d'eau ; suivez-le. »

Ils trouvèrent l'homme, comme Jésus l'avait dit, et préparèrent tout. Ce soir-là, Jésus et ses disciples se réunirent pour ce qui allait être leur**dernier repas ensemble**.

Pendant qu'ils mangeaient, Jésus dit quelque chose de surprenant : « L'un de vous me trahira. » Les disciples furent stupéfaits. « Est-ce moi ? » demandèrent-ils.

Alors Jésus prit**pain**, rendit grâces et le rompit. Il le leur donna et dit : «**Ceci est mon corps, donné pour vous. Faites ceci en mémoire de moi.**"

Puis il prit un**coupe de vin**et dit : «**Cette coupe est la nouvelle alliance en mon sang, versé pour vous.**"

Jésus leur annonçait qu'il mourrait bientôt, mais que ce serait pour sauver le monde. Il voulait qu'ils se souviennent toujours de son amour.

Aujourd'hui encore, les chrétiens partagent du pain et du jus à l'église pour se souvenir de Jésus et de ce qu'il a fait pour nous.

Leçon du jour

Jésus a donné sa vie parce qu'il nous aime. Nous pouvons nous souvenir de lui en partageant son amour et en vivant comme il nous l'a enseigné.

Jésus prie dans le jardin

Matthieu 26:36-46

Après la dernière Cène, Jésus et ses disciples se rendirent dans un endroit calme appelé le**Jardin de Gethsémani**Jésus voulait prier.

Il dit à ses disciples : « Asseyez-vous ici pendant que je vais là-bas pour prier. » Puis il prit**Pierre, Jacques et Jean**Un peu plus loin avec lui. Jésus était très triste et troublé. Il leur dit : « Mon âme est bouleversée. Restez ici et veillez avec moi. »

Jésus s'avança un peu, s'agenouilla et pria. Il dit : «**Père, si possible, éloigne-moi de cette souffrance. Mais pas ce que je veux, mais ce que tu veux.**"

Il a prié si fort qu'il a commencé à transpirer, et c'était comme des gouttes de sang.

Lorsqu'il revint vers les disciples, ils s'étaient endormis ! « N'avez-vous pas pu veiller avec moi une heure ? » demanda Jésus à Pierre. « Veillez et priez, afin de ne pas tomber dans la tentation. »

Il s'éloigna et pria de nouveau, demandant à Dieu de lui donner de la force.

À trois reprises, Jésus revint et trouva ses amis endormis. Finalement, il dit : « L'heure est venue. Levez-vous. Celui qui me livre est proche. »

Jésus savait ce qui l'attendait, mais il était courageux et faisait confiance à Dieu. Il a choisi d'obéir, même dans les moments difficiles.

Leçon du jour

Même lorsque nous sommes effrayés ou tristes, nous pouvons parler à Dieu. Il nous écoute et nous donne la force de faire ce qui est juste.

Jésus est crucifié

Luc 23:26-49

Après son arrestation, Jésus fut maltraité. Les gens se moquèrent de lui, le blessèrent et le mirent à mort.**couronne d'épines**sur sa tête.

Il a été forcé de porter une lourde charge.**croix en bois**dans les rues. Les gens regardaient, et beaucoup étaient tristes.

À un endroit appelé**Calvaire**Les soldats clouèrent Jésus sur la croix. Ils crucifièrent également deux malfaiteurs, l'un à sa droite et l'autre à sa gauche.

Même en souffrant, Jésus a prié : «**Père, pardonne-leur. Ils ne savent pas ce qu'ils font.**"

La foule regardait. Certains criaient : « Si tu es le Fils de Dieu, sauve-toi toi-même ! »

L'un des criminels se moqua de lui, mais l'autre dit : « Jésus, souviens-toi de moi quand tu viendras dans ton royaume. »

Jésus répondit : «**Aujourd'hui, tu seras avec moi au paradis.**"

À midi, le ciel s'obscurcit pendant trois heures. Alors Jésus s'écria : «**Père, entre tes mains je remets mon esprit.**« Et il mourut.

La terre trembla et le rideau du temple se déchira en deux. Un soldat romain présent à proximité dit : «**C'était sûrement un homme juste !**"

Jésus a donné sa vie parce qu'il nous aime tellement.

Leçon du jour

Jésus a tout donné pour nous. Son amour est plus grand que tout et il nous pardonne entièrement.

Jésus ressuscite d'entre les morts

Matthieu 28:1-10

Très tôt**dimanche matin**Marie-Madeleine et une autre Marie allèrent visiter le tombeau de Jésus.

Soudain, il y eut un**grand tremblement de terre**. Un **ange**descendit du ciel et roula la pierre. Les vêtements de l'ange étaient blancs comme neige.

Les gardes étaient tellement effrayés qu'ils sont tombés à terre comme des morts !

L'ange dit aux femmes : «**N'ayez pas peur. Jésus n'est pas là. Il est ressuscité, comme il l'avait dit ! Venez voir l'endroit où il reposait.**"

Les femmes regardèrent à l'intérieur et virent que le corps de Jésus avait disparu.

L'ange leur dit d'aller vite le dire aux disciples. Tandis qu'ils couraient,**Jésus les a rencontrés !**

« Salut ! » dit-il. Les femmes se prosternèrent et l'adorèrent.

Jésus a dit : «**N'aie pas peur. Va dire à mes frères d'aller en Galilée. Ils me verront là-bas.**"

Les femmes étaient remplies de**joie et excitation**Jésus était**vivant!**

C'était la meilleure nouvelle qui soit. Jésus avait vaincu le péché et la mort, et maintenant il offre une vie nouvelle à tous ceux qui croient en lui.

Leçon du jour

Jésus est vivant ! Parce qu'il vit, nous pouvons avoir l'espoir, la joie et la vie éternelle avec lui.

Le chemin d'Emmaüs

Luc 24:13-35

C'était le jour même où Jésus était ressuscité des morts. Deux de ses disciples marchaient vers un village appelé**Emmaüs**, à environ sept milles de Jérusalem. Ils parlaient tristement de tout ce qui s'était passé.

Tandis qu'ils marchaient,**Jésus est venu et les a rejoints**, mais ils ne le reconnurent pas. « De quoi parlez-vous ? » demanda-t-il.

L'un d'eux, nommé**Cléopas**, a dit : « Es-tu la seule personne à ne pas savoir ce qui s'est passé ? Jésus était un grand maître. Nous espérions qu'il serait celui qui nous sauverait. Mais il a été crucifié. Maintenant, certaines femmes disent que son tombeau est vide, et elles ont vu des anges qui ont dit qu'il était vivant. »

Jésus commença à leur expliquer les Écritures. Il leur montra que tout ce qui se passait faisait partie du plan de Dieu.

Arrivés au village, ils l'invitèrent à rester et à manger avec eux. À table, Jésus prit du pain, rendit grâces, le rompit et le leur donna.

Soudain, leurs yeux s'ouvrirent et**ils l'ont reconnu**! Puis Jésus a disparu !

Ils dirent : « Nos cœurs n'ont-ils pas été réconfortés lorsqu'il nous a parlé sur la route ? » Aussitôt, ils retournèrent à Jérusalem pour dire aux autres disciples qu'ils avaient vu Jésus !

Leçon du jour

Jésus marche avec nous, même lorsque nous ne le reconnaissons pas. Il nous apporte espoir et compréhension quand nous en avons le plus besoin.

Thomas l'incrédule

Jean 20:24-29

Après sa résurrection, Jésus apparut à plusieurs de ses disciples. Mais l'un d'eux, nommé**Thomas**, n'était pas là quand Jésus est venu.

Les autres lui dirent : « Nous avons vu le Seigneur ! »

Mais Thomas ne les croyait pas. Il dit : « Si je ne vois pas les marques des clous dans ses mains et que je ne les touche pas, je ne croirai pas. »

Une semaine plus tard, les disciples étaient de nouveau réunis. Cette fois,**Thomas était avec eux**Soudain, Jésus apparut dans la pièce, même si les portes étaient verrouillées.

Il regarda Thomas et dit : «**Mets ton doigt ici. Regarde mes mains. Arrête de douter et crois.**"

Thomas était stupéfait. Il dit : «**Mon Seigneur et mon Dieu !**"

Jésus répondit : « Tu crois parce que tu m’as vu.**Heureux ceux qui n’ont pas vu et qui croient encore.**"

Jésus a été bon envers Thomas, même lorsqu'il doutait. Il l'a aidé à croire et à grandir dans la foi.

Leçon du jour

Il est normal d'avoir des questions. Jésus nous accueille dans nos doutes et nous aide à croire en son amour.

Jésus monte au ciel

Actes 1:6-11

Après que Jésus soit ressuscité des morts, il a passé**40 jours**avec ses disciples. Il les enseignait et leur donnait des instructions par le Saint-Esprit.

Un jour, Jésus les conduisit sur une colline près de**Béthanie**Les disciples demandèrent : « Seigneur, vas-tu faire d'Israël un royaume à nouveau ? »

Jésus répondit : « Ce n'est pas à vous de savoir quand cela arrivera. Mais vous recevrez une puissance lorsque le**Saint Esprit**vient. Alors vous serez mes témoins jusqu'aux extrémités de la terre !

Tandis qu'ils regardaient,**Jésus a été élevé au ciel**Un nuage le cachait à leurs yeux. Ils levaient les yeux, stupéfaits.

Soudain, deux anges apparurent et dirent : «**Pourquoi restes-tu là à regarder le ciel ? Jésus est allé au ciel, mais il reviendra par le même chemin que tu l'as vu partir.**"

Les disciples retournèrent à Jérusalem remplis de**joie et but**Ils savaient que Jésus était vivant et ils avaient désormais une mission : partager son amour partout.

Leçon du jour

Jésus est au ciel et un jour il reviendra. En attendant, partageons son amour et soyons ses témoins dans le monde.

Le Saint-Esprit vient

Actes 2:1-12

Après que Jésus soit retourné au ciel, ses disciples ont attendu dans**Jérusalem**, comme Il le leur avait dit. Ils restèrent ensemble et prièrent, attendant la**cadeau**Jésus a promis.

Le jour de**Pentecôte**, quelque chose d'étonnant s'est produit. Soudain, il y a eu un bruit semblable à celui d'un**vent violent**. Cela remplissait toute la maison où ils étaient assis.

Puis, de petites flammes de feu apparurent et**reposait sur chaque personne**. Mais personne n'a été brûlé ! C'était le**Saint Esprit**venant vivre en eux, comme Jésus l'a dit.

Aussitôt, les disciples commencèrent à**parler dans différentes langues**— des langues qu'ils n'avaient jamais apprises ! Des gens du monde entier étaient réunis à Jérusalem pour la fête, et ils étaient sous le choc.

« Comment ces gens peuvent-ils parler nos langues ? » demandèrent-ils. « Ils sont de Galilée, mais nous les entendons parler des merveilles de Dieu avec nos propres mots ! »

Le Saint-Esprit a donné aux disciples la force et le courage de**partager la bonne nouvelle de Jésus**. À partir de ce jour, l'Église commença à grandir.

Dieu avait tenu sa promesse, et l'Esprit est venu vivre dans le cœur de chaque croyant.

Leçon du jour

Le Saint-Esprit nous aide à partager l'amour de Dieu et nous donne le courage de vivre pour Lui.

La conversion de Paul

Actes 9:1-19

Un homme nommé**Saül**Il n'aimait pas les chrétiens. Il pensait qu'ils avaient tort et tentait de les arrêter. Il les a même mis en prison.

Un jour, Saül voyageait vers une ville appeléeDamas. Soudain, une lumière vive venue du ciel**a clignoté tout autour de lui**, et il est tombé par terre !

Il entendit une voix dire : «**Saül, Saül, pourquoi me fais-tu du mal ?**"

« Qui es-tu, Seigneur ? » demanda Saül.

La voix répondit : «**Je suis Jésus, celui que tu blesses.**"

Saül fut aveuglé par la lumière. Les hommes qui l'accompagnaient l'aidèrent à entrer dans la ville. Pendant trois jours, Saül ne put ni voir, ni manger, ni boire.

Pendant ce temps, Jésus parlait à un homme nommé**Ananias**dans une vision. « Va vers Saül. Je l'ai choisi pour partager mon message. »

Ananias eut peur : il connaissait la réputation de Saul ! Mais il obéit. Il alla vers Saul, lui imposa les mains et dit : « Saul, frère, Jésus m'a envoyé pour que tu recouvres la vue et que tu sois rempli du Saint-Esprit. »

Tout de suite, **quelque chose comme des écailles**tomba des yeux de Saül, et il put voir !

Saul fut baptisé et devint disciple de Jésus. Plus tard, il fut connu sous le nom de**Paul**et a parlé au monde de l'amour de Jésus.

Leçon du jour

Dieu peut changer le cœur de chacun. Personne n'est trop loin de son amour et de son dessein.

Un nouveau ciel et un nouveau paradis

Apocalypse 21:1-7

Le dernier livre de la Bible,**Révélation**, nous parle d'une vision spéciale que Dieu a donnée à**John**.

John a vu quelque chose de beau—**un nouveau ciel et une nouvelle terre**! L'ancien monde avait disparu et tout était nouveau.

Puis Jean vit un**ville sainte**descendant du ciel, brillante et belle comme une mariée habillée pour son mariage.

Une voix forte dit : «**Regardez ! La demeure de Dieu est désormais parmi son peuple. Il vivra avec eux. Ils seront son peuple, et il sera leur Dieu.**"

Dieu le fera**essuie chaque larme**Il n'y aura plus de mort, de tristesse, de pleurs ou de douleur.

Dieu a dit : «**Je fais tout nouveau ! Écris ceci, car ces paroles sont vraies.**"

Il a également déclaré : «**Je suis l'Alpha et l'Oméga, le Commencement et la Fin. À celui qui a soif, je donnerai de l'eau à la source de la vie. Ceux qui vaincraront seront mes enfants.**"

Cette vision a donné de l'espoir à tous les croyants. Un jour, tout redeviendra parfait et nous vivrons avec Dieu pour toujours.

Leçon du jour

Dieu nous promet un avenir parfait avec lui. Nous pouvons espérer un monde rempli de joie, de paix et d'amour.

Glossaire

Alpha et Oméga– Noms que Jésus utilise pour se désigner. « Alpha » est la première lettre de l'alphabet grec et « Oméga » la dernière. Cela signifie que Jésus est le**le début et la fin de tout**.

Ananias– Un disciple de Jésus qui est allé courageusement rendre visite à Saul (Paul) et l'a aidé à recouvrer la vue après avoir rencontré Jésus.

Baptisé– Un acte spécial où quelqu'un est plongé dans l'eau (ou de l'eau est versée sur lui) pour montrer qu'il**appartenir à Jésus**et je veux le suivre.

Damas– Une ville où Saul voyageait lorsqu'il vit une lumière brillante et rencontra Jésus, ce qui changea sa vie pour toujours.

Disciples– Les amis et disciples spéciaux de Jésus qui ont appris de Lui et ont aidé à parler aux autres de l'amour de Dieu.

Don (Saint-Esprit)– Quelque chose de spécial que Dieu a promis de donner à ses disciples : le Saint-Esprit, qui nous aide**suivez Jésus, soyez courageux et aimez les autres**.

Ville sainte– Une cité parfaite que Jean a vue dans une vision divine. Elle montre à quoi ressemblera le ciel.**belle, paisible et pleine de l'amour de Dieu**.

Saint Esprit– L'aide invisible que Jésus envoie pour vivre dans nos cœurs et**donne-nous puissance, réconfort et conseils**.

John– L'un des disciples de Jésus qui a écrit à propos d'une vision spéciale dans le livre de l'Apocalypse, où il a vu le ciel et les promesses futures de Dieu.

Langues– Différentes façons de parler à travers le monde. Le jour de la Pentecôte, les disciples de Jésus parlèrent**beaucoup de langues qu'ils ne**

connaissaient pasavant, pour que tout le monde puisse entendre la bonne nouvelle.

Nouveau Ciel et Nouvelle Terre– Un bel endroit futur que Dieu créera, où**il n'y aura ni tristesse, ni pleurs, ni douleur, seulement de l'amour, de la paix et de la joie**.

Pentecôte– Une fête juive spéciale où le Saint-Esprit est venu sur les disciples de Jésus. Elle marque**début de l'Église chrétienne**.

Paul (anciennement Saül)– Un homme qui a d'abord essayé d'arrêter les chrétiens, mais qui est devenu l'un des**les plus grands enseignants sur Jésus**après que son cœur ait été changé.

Révélation– Le dernier livre de la Bible, où Dieu a montré à Jean des visions sur**le ciel, le retour de Jésus et le plan final de Dieu pour le monde**.

Vent violent– Un son puissant qui a rempli la pièce lorsque le Saint-Esprit est arrivé à la Pentecôte, montrant que**La puissance de Dieu était venue**.

Saül– Le nom de Paul avant de devenir croyant. Il a rencontré Jésus sur la route de Damas et a été transformé à jamais.

Écailles (des yeux)– Ce que dit la Bible est tombé des yeux de Saül lorsqu'il a recouvré la vue. C'est comme**un revêtement a été retiré pour qu'il puisse voir clairement**—à la fois physiquement et spirituellement.

Source de vie– Un symbole particulier dans l'Apocalypse. Cela signifie**Dieu nous donne la vie, l'amour et tout ce dont nous avons besoin pour toujours**.

Vision– Une image ou un message onirique de Dieu, comme celui qu'Il a donné à Jean à propos du ciel et de l'avenir.

www.ingramcontent.com/pod-product-compliance
Lightning Source LLC
LaVergne TN
LVHW020052300925
822278LV00018B/2013

* 9 7 9 8 2 9 0 7 3 9 8 3 0 *